江西通史

——南宋卷第三冊

目錄

總序　　　　　　　　　　　　　　　　　　　002

前言　　　　　　　　　　　　　　　　　　　009

第一章｜建炎紹興間江西的動盪與抗爭

第一節・南宋的建立與江西志士的抗爭　　　030

　一　趙構繼位與向子諲勸進　　　　　　　030

　二　江西忠臣義士的誓死抗爭　　　　　　035

　三　南宋對江西錢財的徵調與江防區劃　　042

第二節・兵寇對江西的破壞與民眾武裝抗暴　046

　一　全兵對江西地區的侵入破壞　　　　　047

　二　潰兵、流寇在江西的騷擾殺掠　　　　049

　三　隆祐太后入贛與官軍的劫掠　　　　　054

　四　江西地方的殘破　　　　　　　　　　058

　五　江西民眾的反抗鬥爭　　　　　　　　063

第三節・岳飛在江西的軍事活動　　　　　　070

　一　對流寇的進討　　　　　　　　　　　071

二　對虔吉農民山寨的攻滅　　074

三　岳飛定居江州　　080

第四節・紹興和議與江西人士對屈和的抗爭　　083

一　秦檜當權與「紹興和約」的簽訂　　083

二　胡銓等人對屈辱求和的抨擊　　087

三　朱弁、洪皓在使金過程中堅貞抗爭　　093

第二章｜南宋中期、後期政治與江西民眾的反抗活動

第一節・孝宗至理宗的朝政與江西官僚　　100

一　「隆興和議」與陳康伯　　100

二　孝宗的統治與周必大　　102

三　光宗的朝政與趙汝愚　　103

四　寧宗朝的禁偽學與嘉定和議　　104

五　理宗的朝政與余玠治蜀　　108

第二節・茶商軍與贛南贛東的農民反抗鬥爭　　116

一　茶商軍轉戰贛西　　116

二　黑鳳峒李元礪等人的暴動　　121

三　贛州陳三槍等人的反抗活動　　125

四　建昌軍佃農的武裝起義　　127

第三章｜南宋統治的崩潰與文天祥等人的抗元鬥爭

第一節・江西地方官的堅守與潰逃　　134

一　元軍南侵與南宋的危亡　　134

二　南宋在江西統治的終結　　　　　　　　　136

三　守土抗元的地方官僚　　　　　　　　　138

第二節・文天祥的抗元鬥爭　　　　　　　　143

一　文天祥勤王起兵抗元　　　　　　　　　143

二　文天祥的浩然正氣　　　　　　　　　　149

第三節・謝枋得等的抗元鬥爭　　　　　　　153

一　組織忠義民眾，在饒信之間抗元　　　　153

二　孤身逃隱福建，矢志不降　　　　　　　156

第四章｜南宋統治下的江西社會

第一節・行政區劃的調整　　　　　　　　　177

一　行政區劃的新調整　　　　　　　　　　177

二　幾個州縣名稱的變更　　　　　　　　　183

三　官司分布與兵防設置　　　　　　　　　187

第二節・富裕大家族與鄉村社會建設　　　　191

一　大家族在地方上的積極作用　　　　　　191

二　「義門」家族的生活　　　　　　　　　196

三　大家族的鄉民武裝　　　　　　　　　　207

第三節・豪強殘害鄉民與維護統治　　　　　214

一　稱霸地方的大家族　　　　　　　　　　215

二　贛南社會中的土豪　　　　　　　　　　225

第四節・租佃關係下的富豪與農民　　229

一　富豪別墅與農莊　　229

二　農民的生活　　236

三　永佃制的出現　　245

四　田租與土地買賣　　248

第五節・官府的賦稅剝削與州縣施政實績　　254

一　賦稅剝削的加重　　254

二　州縣施政事蹟　　274

第六節・水旱災荒與賑濟　　298

一　水旱災荒頻發　　298

二　官府對災荒的賑濟　　304

三　朱熹在南康軍賑災　　311

第五章｜農業生產的持續發展

第一節・戶口的增加與人口流動　　316

一　戶口大增的強勁趨勢　　319

二　江西人口的遷出　　324

三　遷入江西的家族事例　　327

四　《地名志》反映的南宋建村信息　　332

第二節・農田墾闢和耕作技術的提高　　337

一　農田墾闢、梯田增多　　337

二　水利工程的普遍興修　　343

三　李渠的維修與《李渠志》　　349

四　糧食品種增多與耕作技術的提高　　354

五　農村民俗　　363

第三節・糧食產量與輸出的增多　　366

一　本地食用與外銷的大米　　367

二　秋糧與和糴米　　370

第四節・茶葉蠶桑等經濟作物生產　　375

一　茶產量與茶稅利害　　375

二　桑蠶與種棉花　　386

三　果樹種植與果蔬生產專業化　　395

第五節・捕魚與魚苗生產　　402

一　湖區捕魚與習俗　　402

二　池塘養魚與魚苗運銷　　404

第六章｜手工業、商業的變化發展

第一節・陶瓷業生產的持續發展　　420

一　景德鎮窯的生產與銷售　　420

二　吉州永和鎮窯的興旺　　424

三　吉州臨江窯遺址的作坊與窯爐　　428

四　贛州七里鎮窯繼續發展　　430

五　南豐縣白舍窯等瓷窯　　432

第二節・礦冶鑄錢生產的衰退 438

一　銅鐵等礦的產量及情況分析 439

二　鉛山場、永平監的冶鑄生產 446

三　贛州鑄錢院的鑄錢生產 461

四　民間私鑄活動的起伏 470

五　錢牌與銀鋌的鑄造 474

六　銅錢外洩與江州會子務的設置 476

第三節・刻書業的普遍興盛 486

一　紙墨硯的生產 486

二　刻板印書普遍興盛 489

三　周必大的私人刻印活動 495

四　刻印圖書的大致種類 499

第四節・絲麻紡織業 502

一　絲織業 502

二　麻織業 505

第五節・水陸交通與造船場 508

一　十字形交通幹線 508

二　航道經營與橋樑建設 513

三　造船場與造船 525

四　船場與綱運之弊 528

第六節・商業貿易的繁榮進步 531

一　講誠信、能創新的商家 532

二　商貿地域與商人的欺詐行為　536

三　商稅的徵收　540

四　撫州的茶課、鹽課、稅課　543

五　酒稅的徵收與坊場撲買　548

六　田產交易契約與牙人　557

第七章｜學校與書院教育的興盛

第一節・州縣學校的重興與發展　567

一　州縣學的普遍興修　567

二　學校建設的實際內容　570

三　教學中的實際問題　576

四　劉靖之在贛州州學的教學事蹟　578

第二節・書院的興旺與分化　581

一　十三州軍書院的普遍興辦　582

二　民辦書院的諸多類別　597

三　官辦書院與書院官學化問題　601

四　白鹿洞書院的重建與象山書院的建立　611

第三節・民辦書院教育與活躍的鄉先生　621

一　著名的民辦書院　622

二　活躍的鄉先生　629

三　藏書與讀書　636

第四節・書院與科舉的關係　　　　　　　640

一　書院教育與科舉考試的緊密關係　　641

二　廣泛流行的備考教材資料　　　　　646

三　書院的共性與個性分析　　　　　　649

第八章｜江西士大夫與南宋政治

第一節・科舉中的江西人物　　　　　　666

一　十三州軍進士的分布　　　　　　　668

二　貢士名額與社會對科考的贊助　　　672

三　《宋史》列傳中的江西人與狀元　　677

第二節・朝廷上層的江西人物　　　　　690

一　九位宰相的活動與際遇　　　　　　692

二　十二位執政的活動與際遇　　　　　703

三　夏皇后與其弟的為人　　　　　　　713

第九章｜「江西學」與江西的著名學者

第一節・「江西學」的興盛　　　　　　719

一　「江西學」的來由與特點　　　　　719

二　三個學術中心區域　　　　　　　　722

三　鵝湖之會推動江西學發展　　　　　727

四　自然科學的自然發展　　　　　　　731

第二節・經學史學家   734

一　理學思想家   735

二　史學家、方志學家   762

三　地方誌與家譜的編修   772

四　地理學家   775

第三節・文學藝術家   777

一　文學家   777

二　音樂家   797

三　畫家   798

四　書法家   801

第四節・天文台與科技專家   804

一　天文台、星宿圖、羅盤   804

二　曆算家   808

三　名醫家   810

四　法醫家   814

第十章｜佛道宗教與風水等習俗

第一節・官府對佛道宗教的管理與利用   819

一　對佛道的管理   819

二　對佛寺的利用   824

第二節・佛教的傳播   826

一　士大夫和佛僧的交往   826

二　佛寺的重建與僧眾的活動　828

第三節・道教的傳播　832

一　南宗道教與符籙派　832

二　富有的著名道觀　833

三　道士在社會上的活動　836

第四節・摩尼教等民間宗教信仰　839

一　摩尼教的傳播　839

二　仰山神等地方神靈　844

第五節・尚訟、好巫與風水習俗　850

一　尚訟　850

二　好巫　855

三　風水術的盛行　857

四　買地券的安置　865

後記　875

主要參考文獻　878

第六章——

手工業、商業的
變化發展

　　受南宋社會大局制約，江西地區手工業各個行業的生產，出現不同程度的變化，總體上在向前走，而不同行業的情況有差別。人口數量猛增，為手工製造業提供了充足的人力資源。陶瓷製造業中，景德鎮窯火繼續旺盛，燒製技術有新的提高。產品廣銷各地，同時吉、贛地區的永和鎮、七里鎮等瓷窯有更大的發展。贛江航運依然繁忙，東西方向的交通流量比北宋增加，促進了舟船製造、橋樑建設，以及商品交易活動的發展。由於書院教育繼續普遍發展，科舉文化持續昌盛，讀書識字的人口大量增多，促使刻字印書業趨於旺盛，為教育進一步下移、文化水平不斷提高創造了條件。但是，礦冶業變得萎縮，銅錢鑄造業明顯衰落，這不僅是因為礦山資源日益枯竭，原材料供應緊張，還因官營手工業在管理上的嚴重弊端。

第一節 ▶ 陶瓷業生產的持續發展

一　景德鎮窯的生產與銷售

　　南宋定都臨安（杭州），統治重心完全南移，燒造瓷器的官窯設在臨安，北宋時代的北方各大名窯的工匠名師也有人南下定居，帶來了他們的生產經驗和技術，對於南北瓷窯燒製技藝的相互交流，是一次很好的促進。全國的陶瓷生產重心向江南轉移，這有利於江西地區瓷器生產的持續發展，在北宋的基礎上，又有新的進步。

　　饒州浮梁縣景德鎮以其優越的自然條件，繼續保持興旺的瓷

業優勢，青白瓷生產不減北宋。饒州在景德鎮設監鎮官，掌握社會治安和燒製官府所需之瓷器[1]。南宋後期，蔣祁寫《陶記》稱：「景德鎮陶，昔三百餘座」，這個「昔」，該是南宋的燒瓷規模。一個小鎮，集中了三百餘座燒瓷的窯場，可見生產旺盛。接著，他對鎮上製瓷的工序過程，官府管理制度，瓷器貿易運輸，課稅經營的嚴重弊端，及其諸種原因等做了全面敘述。關於銷售，在浙東、浙西，「器尚黃黑，出於湖田之窯者」；江、湖、川、廣等地，「器尚青白，出於鎮之窯者」；兩淮地區，所銷產品更次，「大率皆江、廣、閩、浙澄澤之餘」的「黃掉」品，即色澤不美者。總之，在江浙川廣市場上暢銷的碗、碟、盤、盂、爐、瓶等名色不一的瓷器，主要有三十一個品種。琳瑯滿目，各具特色，各取所好。即便是可以拋棄的次品，在兩淮地區仍然受到歡迎。產品豐盛而暢銷，商販眾多而利厚，官府管制於是細密嚴格，唯恐私家多得利潤。總之，景德鎮瓷業興旺發達的事實，是肯定無疑的。然而，官府吏治的敗壞，同時帶來嚴重的問題。

景德鎮瓷業的負擔十分沉重，僅賬面上十多個大項目統計的數額，每月就達三一五〇餘緡，所以數十年來地方官都會有「掛欠之籍」。一方面是瓷業旺盛，另一方面卻出現「課賦不足」，「倍蓗之虧」。其中原因，最主要的是吏治腐敗。蔣祁指出：

1　《宋史》，卷三九〇，《莫蒙傳》載，他奉命措置浙西、江淮沙田蘆場，多方括責，丈量失實，被彈劾，「責監饒州景德鎮」。

窯家作輟，與時年豐凶相為表裡，一也。臨川、建陽、南豐他產有所奪，二也。上司限期稍不如約，則牙校踵門以相蛀蝕，三也。獄失其校，權官散分，邇來猾商狡儈無所憚布，四也。土居之吏，牢植不拔，殆有漢人倉庫氏之風，五也。官之懵者，吏掣其肘；一有強明自任，則吏結豪駔之民，詭詞上官，必使懲之，更而後已。

蔣祁列舉了五條，最後還有官與吏的矛盾，實際可算為六條，第一、二條屬客觀情況，任何瓷窯都不可避免，故可置而不論。後四條才是實在的官僚統治衍生出來的禍害。最後，蔣祁從節制資源損耗，發出一個警告：「山川脈絡不能靜於焚毀之餘，而土風日以蕩耶。『一里窯，五里焦』之諺語其龜鑑矣！」[2]

燒瓷必得挖掘瓷土，砍伐林木為燃料，故而山林在不停地被焚毀。單從燒柴而言，「一里窯，五里焦」，景德鎮三百餘座窯，要燒了多少山林。這是關於生態環境的大課題，古人已經敏銳地看到它的嚴重性，對今人節約資源、保護環境是一個極大的鞭策。

蔣祁《陶記》所說各點，雖是就景德鎮窯業而言，但卻是說了整個陶瓷行業中的典型，其認識意義絕不僅在一個景德鎮，而是對各個陶瓷基地都有參照價值。

景德鎮現知的古窯遺址中，能夠反映南宋時期燒瓷狀況的有

2　乾隆《浮梁縣誌》，附蔣祁《陶記略》。

湖田窯遺址，白虎灣窯遺址，南市街窯遺址，湘湖街窯遺址，塘下窯遺址等，它們集中在南河及小南河流域。湖田窯遺址在市區東南四公里的湖田村，面積約四十萬平方米，興燒於五代，經宋元至明中葉結束。在湖田村南部的宋代遺留物中，有南宋的青白釉瓷器，器物有復燒芒口碗、盤，各式水注、香爐、瓶、罐和兔毫盞。器身上刻花、劃花、印花並存。刻花多為簡筆牡丹、蓮花、水波、孩兒攀花等。印花的紋樣豐富，有人物故事題材，構圖繁縟，層次較多。

白虎灣窯遺址在城東九公里的景婺公路邊上，堆積物面積約一萬平方米。白虎灣村南公路邊的蒲雞墩，主要是南宋的堆積物，其中有胎土呈灰白色、胎骨較厚的瓷器；有施釉極薄，布滿紋片、極似越窯的「蟹殼青」產品；有平底不掛釉，外面有凹紋青釉瓷；有底足較高，胎土純白的碎片。裝燒形式為支撐重疊入窯和渣餅墊燒。

南市街、湘湖街、塘下三處古窯遺址燒造年代都涵蓋了南宋時期，雖然不能具體劃分開來，但在時段上約占一半，總體情況應該是反映了出來。[3]

在南河流域古窯遺址地區，還有一個三寶蓬古瓷石礦遺址，它位於市區東南約十二公里處。從北宋開始就在此處開採瓷石，

3　古窯遺址內容，參見《景德鎮市志略》第十四編，「一、古瓷窯遺址」，漢語大詞典出版社一九八九年版，第 208-211 頁；《景德鎮窯業遺存考察述要》，《江西文物》一九九一年第三期。

供應各瓷窯制瓷之用。瓷石淺灰綠色，基質為石英、絹雲母。風化程度較高的瓷石多用作製胎，風化程度差的用於製釉。在礦山腳下溪流上安裝了筒車，借急流沖轉，由連軸帶動碓臼，專門用來搗碎瓷石，「土人藉溪設輪作碓，搗細淘淨，製如土磚，名曰白不」[4]。這種「白不」就是製作坏胎的直接原料。到了南宋時期，三寶蓬瓷石礦已經採掘過甚，致使產量下降，只夠供應湖田窯之用。

二 吉州永和鎮窯的興旺

吉州永和窯是聞名的綜合性瓷窯，在南宋時期新出現一種外黑內白釉瓷碗，碟有薄唇或芒口之分。這些碗、碟顯示出黑釉瓷的作風，其特徵是：芒口，底足矮且內凹，多施滿釉等。此外，創燒出一種新的白地釉下彩繪瓷，這種彩繪瓷不同於磁州窯彩繪瓷，不是先在胎壁上塗白粉，然後加釉彩繪，而是直接在坏胎上彩繪，然後施以薄釉。永和彩繪瓷的器型，有粉盒、方唇盒、彩繪人像罐等。粉盒蓋面上有彩書「尹家個」、「粉盒十分」等款。燒造的綠釉瓷器中，以枕為多，型制多般為腰圓形，枕面刻劃蕉葉紋樣，有的枕底壓印有「舒家記」銘款，應是著名的「舒翁」窯產品。在永和鎮的肖家嶺出土一件「元祖郭家大枕記號」款殘枕底，與江蘇南京市出土永和窯「元祖肖家大枕記號」綠釉枕相

---

4 朱琰：《陶説》，卷一。「白不」，又稱「不子」。「不」字第四筆作捺，音讀『礨』，是燒瓷行業專用字。

似。此銘款的意思，是指其遠祖為宋代吉州「五窯」之一的郭家或肖家燒造。

永和窯產品種類多樣，例如青釉瓷、乳白釉瓷、黑釉瓷、白釉彩繪瓷、黃釉瓷、綠釉瓷等，均有燒造。青釉瓷的器物比較粗澀，胎壁上有缺陷，工匠們為解決這個問題，在胎壁先塗一層灰白色瓷土，再上釉。乳白釉瓷碗多在碗內印有「吉」、「記」、「太」字，或醬釉書「吉」、「記」、「福」、「慧」、「太平」、「本覺」等款銘。

紫黑釉瓷器很精美，又稱為「天目瓷」，與著名的建窯兔毫斑釉瓷器相媲美。它是用天然的黑色塗料燒製而成。裝飾技法多樣，有剪紙貼花、筆繪圖案、灑釉、剔花和木葉紋等技法。其中剪紙貼花、和木葉貼花裝飾藝術僅見於永和窯，存世的剪紙雙鳳梅花紋碗、木葉紋碗，是永和窯貼花工藝的獨特作品。「油滴」、「兔毫」、「鷓鴣斑」、「虎皮斑」、「玳瑁斑」等都是窯變釉

· 吉州窯「舒家記」瓷片

瓷，絢麗多彩，變化萬千的釉面裝飾，也顯示了永和窯工匠高超的燒造技藝。木葉紋多裝飾在黑釉碗、盞內，有單片的木葉，有半葉掛於碗、盞邊沿，也有雙葉疊落或三葉散落的，富有真切的寫實意境，表現出高超的裝飾藝術水平。

・吉州窯裡釉剔花折枝梅瓶

永和鎮的街市，隨著永和窯火旺盛而日益繁榮，有六街三市的劃分。今天還可看到，在地域約長二公里，寬一公里範圍內，瓷片匣砵成堆，全是窯磚瓷片鋪路。考古專家對殘存古街道進行測繪核實，參照地方誌和族譜，找到了「瓷器街」、「蓮池街」、「茅草街」、「錫器街」、「鴛鴦街」、「迎仙街」等。如蓮池街，據明朝編纂的《東昌志》載：蓮池街在中市桐柱窯，南宋周必大致政以後，在此開挖池塘養蓮，以為遊觀之所，因而得名。永和鎮的本覺寺，是周必大的寓所，隆興元年（1163）他從臨安回廬陵，於七月壬午「歸永和本覺寓居」。這次居住了兩年多時間，寫有《閒居錄》，其中有關於永和瓷窯的記錄。如燒瓷起始時間，一般認為永和燒瓷開始於晚唐，周必大記在「天寶中」，更早又明確。他寫道：天寶中，創立王仙廟，「因敕使詣廟祈禱，至瓷窯小吾團，若有影響，遂創此以為別廟。瓷窯團即今之（永和）鎮也。」

關於瓷土產地，周必大告訴人們：

雞岡，永和之朝山也。窯泥皆仰給於此，遇地脈可鑿，躡階以入，深至數十丈。初取皆細，泥見風乃凝如白石。一穴盡，即之他山為之。蓋不知幾百年，或云隨取隨生，恐（無）是理。遍觀山頂，其高稍亞金鳳（山），而相連屬。[5]

　　永和窯瓷業生產的進步，和北方燒瓷技術傳入有很大關係。永和窯與河北定州的定窯相似，都採取復燒技法，但永和窯又有改進。定窯是一個碗放進一個支圈，永和窯改為圈狀窯具——「墊鉢」。這種「墊鉢」，就是瓷土燒成的筒，其內壁刻有圈齒紋，一次可以裝燒九件碗或碟。在刻花、劃花、印花、彩繪、和點彩等裝飾技法方面，和磁州窯也多近似，不同的是磁州窯白地繪黑花，而永和窯為白地繪醬釉色花，色彩更為鮮豔。兩窯所燒的長方形瓷枕，形制文飾和銘文格式幾乎相同。永和窯燒製的醬褐釉瓷、乳白瓷、黑釉瓷、彩繪瓷、黃釉瓷、綠釉瓷，與磁州窯的同類瓷器相當近似。此外，永和窯和河南臨汝縣的汝窯、禹州市的鈞窯、陝西的耀州窯，也多有相似之處。

　　永和窯和福建水吉的建窯有更密切的關係。它們都是江南燒黑釉瓷的古窯，創燒於唐，繁榮於南宋，元末以後停燒。產品除黑釉之外，還有白釉、青釉瓷。燒製技法均採用匣砵裝燒，但建窯無疊燒，永和窯則除一匣一器仰燒之外，還有多件疊燒。兩窯燒製的「紺黑紋」兔毫、油滴紋碗，施釉時有滴釉現象，足底無

5　周必大：《文忠集》，卷一六六。

釉，碗內常有文字和姓氏字樣。都有「爭口」黑釉碗，外唇有一圈內弧的凹槽。兩窯的黑釉瓷不同點是，建窯黑釉瓷胎骨呈黑褐色「烏泥骨」，而永和窯胎骨呈灰白色。[6]

永和窯與景德鎮窯地理接近，水路交通方便，更便於燒瓷技術交流。永和窯吸收了磁州窯釉下彩繪技法，燒造出白地醬褐色彩繪瓷，繪畫風格由粗放向纖細工整發展，並將這種釉下彩技法影響於景德鎮，對景德鎮窯後來運用氧化鈷為原料，燒製出釉下彩青花瓷起到了促進作用。陶瓷研究專家們認為，「南北瓷窯之間技術上的交流，於吉州窯表現最為明顯」[7]。

三 吉州臨江窯遺址的作坊與窯爐

吉州臨江窯遺址是一九九〇年配合鐵路修築工程新發掘的陶瓷基地。它位於吉安市天玉鎮轄區的天玉山西麓與吉水縣交界處，一九八四年以前這裡為臨江鄉，故稱臨江窯遺址。該窯址靠近贛江東岸，與永和窯隔江相望，與著名的瓷土產地雞岡嶺毗連，兩地相距約十五公里。窯址中心區為簸箕嶺，東側緊靠京九鐵路，在約一萬平方米範圍地面上，布滿窯包堆積和作坊遺跡，瓷片、匣缽遍地皆是。

臨江窯址的地層堆積分為三層，第三層屬五代至宋代的堆積

---

6 參見余家棟《江西陶瓷史》「永和窯與南北瓷窯的相互關係」，河南大學出版社一九九七年版，第 250-263 頁。

7 中國硅酸鹽學會：《中國陶瓷史》，第六章第三節。文物出版社一九八二年版，第 270 頁。

層，出土物主要是乳白釉瓷、黑釉瓷，少數為青白釉瓷。簸箕嶺地面作坊遺跡揭示面積二六〇〇餘平方米，共發現淘洗池、陳腐池八個，品字形淘塘四組十三個，灰坑和蓄泥池十六個，散水溝五條，基座四處，房基五座，涼坯台四處，擂釉缸一處，路基一條。在第十六個蓄泥池內，出土有乳白釉瓷、黑釉瓷、醬釉瓷、青灰釉瓷、豆青釉瓷，以及擂缽、陶罐等，未見青花瓷，當是宋代的蓄泥池遺跡。作坊的規模宏大，結構完整，布局合理，分工細密。作坊緊接窯爐，運作方便，從瓷土舂碎、淘洗、拉坯到成型入窯焙燒，緊密連接為一個流程。廢水從高到低，排放到東南面的低窪地裡。清晰地再現了明朝宋應星《天工開物》、清朝唐英《陶冶圖說》中展示的二十道制瓷工序全過程。「這比現今揭示的陝西耀州窯半地穴式作坊更開闊；比近年揭示的杭州郊壇下官窯作坊遺跡更齊全、更完整清晰」，在目前全國古代陶瓷作坊遺址中，臨江窯遺跡是「首屈一指的」。[8]

與作坊毗連的東南坡地上發現窯爐兩座，平面呈馬蹄形，立面呈饅頭形，俗稱「饅頭窯」。由窯門、火膛、窯床、煙囱四部分組成。此種窯爐的主要特點，是火膛與窯室合而為一，火焰在饅頭形空間內自火膛先衝向窯頂，再倒向窯底，將坯體燒熟，煙氣經排煙孔從豎煙道排出。這種半倒焰式的饅頭窯爐（或稱馬蹄形窯），在吉州窯系中是首次發現，屬宋代建造。

臨江窯遺址出土瓷器中，屬於南宋時代的主要是黑釉瓷。黑

第六章・手工業、商業的變化發展

釉瓷是吉州窯系統的典型產品，在南宋時期獲得長足的進步。臨江窯所燒的黑釉瓷在器形、釉色、紋飾等方面，和永和窯產品幾乎沒有差異。臨江窯黑釉瓷有碗、碟、熏爐、小紐罐等。碗有敞口、斂口、侈口之分。碟有斂口、敞口類、芒口類。從瓷胎、釉汁、紋樣等方面比較，與永和窯產品幾乎一樣，唯一差異是不見有木葉貼花裝飾的黑釉瓷產品。

臨江窯和永和窯在燒製時間、產品特色諸多方面相互一致，構成江南陶瓷業中的吉州窯系。它以豐富的實物資料進一步證明，吉州窯善於博采眾長，吸收南北名窯的燒造技法，充實提高自己，發展成為江南名副其實的綜合性大瓷窯。

四　贛州七里鎮窯繼續發展

七里鎮窯南宋時期主要燒製褐黑色釉瓷，品種有爐、壺、鉢、罐、瓶、碗、碟、杯、盅、盞和圓硯等。其中數量最多的是碗，約占總數的百分之四十。胎質灰白，釉汁黑中泛黃褐色。燒製的褐黑地白釉乳釘柳頭紋罐，是黑釉瓷中的典型產品。該罐造型有斂口、敞口、卷唇、折唇、溜肩、平底、臥足、品字形、扁鼓形等多樣。樟樹市的乾道九年（1173）江南西路安撫司參議官劉椿夫人，墓出土有這種褐黑釉乳釘罐。

在眾多的褐黑釉碗中，有不少是仿漆器燒製的杯、盤、碗，釉汁清亮，光潔似漆。

碗、盞、碟等器物坯體上刻劃有大量文字符號，大致可分姓氏、文記、數碼三類。姓氏類有：「趙小二」、「陳立」、「崔十四」、「劉十」、「劉立」、「吳口」、「好七」、「封立」、「王

□□」、「趙□□」、「小田」、「洪立」、「洪四」、「小本」、「白又□」、「張」、「李」、「木」、「蕭」、「王」、「重」、「崔」等。

文記類有：「都和□」、「新祐立」、「信記十」、「記」、「生」、「重」、「子」、「大」、「立」、「立一」、「具記」、「大」、「法」等。

數碼類有：「壹」、「三」、「五」、「七」、「九」、「十」、「十二」、「十三」、「十五」、「十六」、「十八」、「十九」、「廿」、「廿又」、「卅」、「五十」、「五十八」、「六二」、「六五」、「七十」等。

此外，還有花押類。這許多文字記號證明，七里鎮窯區有很多的燒瓷作坊，有的是燒瓷世家，具有相當的市場聲望，他們生產同一類瓷器，需要標明自家的產品，以利顧客選擇購買，保護自身利益。關於數碼的含義，前人有幾種解釋，一種認為是配對的編號；另一種認為是型號的區分；還有認為是便於施釉，如凡是書一、三、五、七、

· 贛州七里鎮窯鼓釘漩渦紋罐

九單數的，施同一種釉色；凡書二、四、六、八、十雙數的則施另一種釉色。這些都是從不同的角度，依據不同的器物，作出的不同判斷，具有不同的參考價值。

七里鎮窯也有青白釉、乳白釉的生活用瓷器，如碗、盞、杯、碟、盤、罐、盞、缽、瓶、注壺、粉盒、鳥食罐等。

五　南豐縣白舍窯等瓷窯

建昌軍南豐縣的白舍窯，南宋時期生產旺盛。經對田野考察發現，白舍窯燒製白瓷、粗白瓷和青釉瓷，產品種類有碗、壺、瓶、杯、盤、盞、罐、爐、盒、燈台、水注、佛像、皈依瓶、俑和動物等。從器形分析，可以分為早、中、晚三期。中期的時間約為南宋中期至元代早期，地面瓷器堆積多見於白舍的瓦子山窯，產品旋削規整，胎質細膩，採用一匣一器仰燒。

白舍窯最具代表性的器物是青白釉皈依瓶。皈依瓶是隨葬冥器，器身修長，以雲龍紋為主題堆塑而成。以「日」、「月」為一對，瓶蓋頂端塑有對稱的「思天鳥」、「思地鳥」，其一作昂首欲飛狀，一作俯首棲息狀。瓶頸、瓶腹部分環塑龍、虎、龜、蛇、雞以及十二生肖像。這些構件形態逼真，勾勒精細，布局協調，全器整體完美統一。白舍窯的皈依瓶為江西宋元墓葬的皈依瓶生產窯口提供了實物依據，也是江西宋元墓葬常見的典型斷代器。

今橫豐縣郊的橫豐窯，燒造的皈依瓶和白舍窯燒的相似，貼塑有日、月、雲、龍和十二生肖圖案，胎質白細，堆塑精細，釉色淡青，具有宋瓷特徵。

・南宋南豐窯皈依瓶

貴溪市余家鄉的壩上窯燒製的瓷器，多具南宋造型風格。器物以青綠、青白釉為主，間或有黑釉、醬褐釉，其中的黑釉茶盞與吉州永和窯、臨江窯非常接近。燒製的皈依瓶多出土於宋元墓中，釉色淡青，長頸，腹微鼓，頸腹間有一圈荷葉形捲曲邊，頸部貼塑雲龍紋與人物浮雕，形制比較簡單。

金溪縣對橋鄉的小陂窯、蘆河鄉的裡窯也是南宋時期的窯場，這兩窯燒製的青釉劃花斜腹碗、褐黑釉兔毫紋盞，是宋代的典型器物，而芒口復燒碗盛行於南宋至元初。

此外，永豐縣潭頭鄉山口窯，南城縣株良鄉的窯嶺等五處窯場，萍鄉市南坑鄉的南坑窯，寧都縣的東山壩窯、璜陂窯、固厚窯，瑞金縣謝坊鄉的逕橋窯，全南縣城郊的田坑窯，尋烏縣的上甲窯，在南宋時期都燒製了不少瓷器，供當地民眾生活需用。

· 表6-1 南宋江西紀年墓出土瓷器一覽表[9]

墓葬年代	墓主	出土時間	出土地點	出土瓷器	紀年資料
建炎四年	趙仲湮	1956 年	上饒市	青白瓷熏爐、盒	墓志
紹興三年	劉三十八郎	1987 年	瑞昌縣	釉陶罐	
紹興三十年	胡六郎	1982 年	新建縣	青白釉葵口盞、劃花盞	墓志

9　本表轉引余家棟《江西陶瓷史》第六章第二節表二。

墓葬年代	墓主	出土時間	出土地點	出土瓷器	紀年資料
紹興三十年	杜師伋	1958 年	樟樹市	陶罐	墓志
紹興三十年		1972 年	樟樹市	青白瓷連座燈、瓜棱罐	墓志
紹興三十一年	何氏	1987 年	鉛山縣	青白瓷碗、碟、盒、黑釉盞、陶罐	墓志
乾道九年	楊氏		樟樹市	褐釉乳釘罐	墓志
淳熙八年	韓氏、趙氏		樟樹市	青白瓷器	墓志
淳熙九年	張府君		樟樹市	青白瓷器	墓志
淳熙十年	徐氏	1984 年	豐城市	彩繪牡丹瓶、青釉刻花碗、盒	墓志
淳熙十一年	姚錫	早年	宜豐縣	瓷瓶	墓志
淳熙十一年	張敦頤	1974 年	婺源縣	青白瓷碗、芒口碗、劃花碗、盂、盒	墓志
淳熙十二年	熟有德		樟樹市	青白瓷器	墓志
淳熙十三年	翟高	1958 年	南昌縣	青白瓷盒	墓志
淳熙十六年	陳氏		樟樹市	青白瓷器	
淳熙年間		1974 年	樟樹市	龍泉釉執壺	墓志
紹熙元年	李氏		樟樹市	青白瓷器	墓志

墓葬年代	墓主	出土時間	出土地點	出土瓷器	紀年資料
紹熙五年	施師點	1980 年	廣豐縣	陶瓷桶、皈依瓶、乳釘罐	
紹熙五年	竹亭區寶女	1988 年	宜春市	瓷倉青白皈依瓶	墓志
慶元三年	朱濟南	1985 年	臨川縣	陶瓷俑、皈依瓶、粉盒、乳釘罐	墓志
慶元五年	陳氏三娘	1982 年	宜春市	黑釉瓶、爐、盞、白瓷燈	地券
慶元五年	彭氏	1961 年	分宜縣	皈依瓶、俑、瓷狗	地券
慶元六年	劉叔永	1988 年	宜春市	瓷皈依瓶	地券
慶元六年	汪廥	1979 年	婺源縣	青白瓷碗芒口碗、劃花碗	墓志
嘉泰元年	葉九	1973 年	宜黃縣	青白瓷碗、蓋瓶、葵口碗	地券
嘉泰三年	溫氏	1990 年	新餘市	皈依瓶、瓷洗	地券

墓葬年代	墓主	出土時間	出土地點	出土瓷器	紀年資料
嘉泰四年	洪氏	1982 年	樂安縣	青白釉葫蘆執壺、盒、皈依瓶、水盂	墓誌
開禧元年			樟樹市	青白瓷皈依瓶	墓誌
開禧二年	雷氏	1964 年	南昌市	青白瓷盒	墓碣
開禧三年	塗氏	1975 年	上饒市	青白瓷耀、壺	地券
嘉定二年	陳氏	1970 年	南昌縣	彩繪躍鹿蓋罐、蓮荷紋爐	墓誌
嘉定三年	程氏	1979 年	婺源縣	青白瓷碗、碟	墓誌
嘉定四年	周氏	1965 年	樟樹市	青白瓷盤、盒、皈依瓶	地券
嘉定十七年	楊氏		樟樹市	青白瓷器	墓誌
寶慶三年	王宣義	1965 年	樟樹市	青白瓷盤、盒、瓶	地券
紹定二年	範氏	1975 年	鄱陽縣	青白瓷皈依瓶	墓誌

墓葬年代	墓主	出土時間	出土地點	出土瓷器	紀年資料
紹定三年		1978 年	樟樹市	青白瓷皈依瓶	墓誌
端平三年	楊氏		樟樹市	青白瓷器	墓誌
端平三年	李知監	1975 年	樂平縣	青白瓷皈依瓶、盒	墓誌
嘉熙四年	趙時泲	1965 年	永修縣	青白瓷蓋瓶、盒	墓誌
淳佑六年	杜掌儀		樟樹市	青白瓷	墓誌
淳拓九年	李氏	1977 年	安義縣	青臼瓷瓶、罐	墓誌
淳佑十一年	趙繼盛	1974 年	崇仁縣	青白瓷盤、碗、杯、盒	墓誌
寶佑二年	張宣義	1982 年	吉水縣	青釉盤、白釉盞、碗、黑釉盞	地券
景定元年	韓氏	1964 年	樟樹市	青白瓷蓋瓶、盒、盤、注壺	墓誌
景定元年	王應白	1982 年	峽江縣	陶傭、褐釉兔毫隔爐	
景定二年	吳氏	1987 年	瑞昌縣	青白瓷罐、荷葉蓋、盒	地券

墓葬年代	墓主	出土時間	出土地點	出土瓷器	紀年資料
紹熙五年	竹亭區寶女	1988 年	宜春市	瓷倉、青白皈依瓶	墓誌
景定三年	賈氏	1974 年	樟樹市	白釉豎耳南爐	墓誌
景定四年		1972 年	樟樹市	青白瓷罐、粉盒	墓誌
景定四年	胡文鬱	1980 年	新建縣	青白瓷蓋瓶、碗	墓誌
景定五年	洪偈	1975 年	鄱陽縣	瓷俏	墓誌
鹹淳三年		1975 年	新建縣	青白瓷盂	墓誌
鹹淳五年	葉繼善	1975 年	鷹潭市	青白瓷盛瓶	墓誌
鹹淳八年	江克齋	1975 年	樟樹市	青白瓷蓋瓶、盞、倉	墓誌

第二節 ▶ 礦冶鑄錢生產的衰退

礦冶業、鑄錢業在北宋獲得重大發展，饒州永平監、江州永寧監以及江東的池州永豐監、福建的建州豐國監，合稱四大鑄錢監，是宋朝主要的銅錢鑄造基地，生產很旺盛，到了南宋卻走下坡路，普遍衰退不振。原因首先是戰亂破壞。建炎紹興期間金兵南侵，江州、饒州城鄉一片荒殘，洪州、撫州、吉州等地也被騷擾，農業、手工業等各項生產難以正常進行。南宋中期先有完顏

亮的南侵，後有開禧北伐的失敗，對社會生產造成很大的干擾。再到端平元年（1234）蒙古滅金之後，幾十年間不斷受到蒙古軍隊的攻殺，局勢日益危急，社會生產更無安定環境。因而在總體上交通運輸受阻，原料、燃料供應困難，銅礦和鑄錢產量大幅度下降。其次，管理政策的敗壞，北宋已經實行的按產量抽分的制度，南宋又倒退為掠奪性的課額制，壓制了坑戶發展生產的積極性。加上具體管理上的鬆懈混亂，官吏貪腐等，導致終南宋一代礦冶、鑄錢業沒有恢復到北宋的水平。礦冶、鑄錢業的衰退不僅是江西，而是普遍性的。廣東韶州永通監，北宋神宗元豐年間歲鑄八十萬貫，居最高位置，可是在南宋一蹶不振，直到紹興二十七年（1157）仍舊是「久廢，恢復甚艱，兼物料不足」，及至乾道元年（1165），亦不過是「邇年鑄錢多不及三千貫或四千貫」。相互比較起來，江西的永平監、虔州鑄錢院在南宋的坑冶鑄錢領域，倒是比較正常，是矮子中的高子，仍然占據著重要地位。

一 銅鐵等礦的產量及情況分析

1. 銅鐵鉛等礦產量

　　江西各地的銅鐵等金屬礦場，繼北宋之後仍然在開採冶煉。社會對銅鐵的需求量，因開發區域擴大，尤其是普遍墾種梯田而增加，但官府對金屬礦產量的控制統計數，總產量比北宋減少，而江西地區所占的比重依舊很大。李心傳記錄「紹興末年」的數量是：

　　銅產量：江東西、福建、廣南、湖南、潼川府、利州路 14 州，歲產合計 263169 斤 9 兩。其中江西產地 2 處：信州膽銅，

96500 斤；饒州膽銅，23400 斤。二州合計 119900 斤，占總數的 45.56%。

鐵產量:江東西、廣南、湖南、福建、浙東 20 州，共計 880302 斤 13 兩。其中江西產地 6 處：信州 257000 斤；撫州 117000 斤；吉州 290000 斤；饒州 17000 斤；江州 13800 斤；洪州 3500 斤。六州合計 698300 斤，占總數的 79.32%。

鉛產量：江、湖、閩、廣、浙東 20 州，共計 191249 斤 13 兩。其中江西產地為信州 1 處，115000 斤，占總數的 60.13%。

錫的產量共只 2 萬餘斤，來自湖、廣的 4 州，江西沒有[10]。

孝宗以後不見有綜合性的礦產統計資料。

宋朝官府為求鑄造充足的錢幣，對各地銅鐵鉛錫礦場進行監管，考核產量。紹興末年，銅的產地共有 14 州，有膽銅、黃銅兩種。若僅以膽銅考察，產量最高的是信州，其次為廣東韶州，第三為饒州。如果加上黃銅數量，則韶州超過信州（韶州有膽銅 88900 斤，黃銅 10400 斤）。其餘的潭州、建寧府、連州、池州、邵武軍、潼川府、利州、興州、南劍州的產量，不論是膽

---

10 李心傳：《建炎以來朝野雜記》（點校本），卷十六，《銅鐵鉛錫坑冶》。中華書局，二〇〇〇年版，第 354 頁。以後簡稱《朝野雜記》。這個「紹興末年」的數據，在《宋會要輯稿》食貨三三記錄的「各路坑冶所出額數」中，與「乾道二年趁到」數相同，如饒州興利場膽銅二三四八二斤，信州鉛山場膽銅九六三三六斤，池州銅陵縣膽銅四八〇點五斤，韶州岑水場膽銅八八九四八斤，黃銅一〇四四〇斤，潭州永興場膽銅三四一四斤……總計二六三一六九點九萬斤。二書所記鐵的數量也是相同的。由此看出，這個數據該是紹興末年至乾道年間，這些礦場維持的產量水平。

銅、黃銅，都只是幾千斤，難以和上述三州比較。在膽銅、黃銅二者之間比較，膽銅居於主要地位。信、饒、韶、潭（3400斤）、池（400斤）五州共計膽銅二一二六〇〇斤，占總數的百分之八十點七八；而黃銅產地合計為四六〇〇〇斤，只占總數的百分之十七點四七。[11]饒、信二州銅場的膽銅產量高，是因膽水流量大，可以「浸鐵成銅」，而鐵的供應相對更充足。

　　信州的膽銅產地在鉛山場，饒州膽銅產地在德興縣。關於德興縣膽水旺盛情狀，危素《浸銅要略序》寫道：「其泉三十有二：五日一舉洗者一，曰黃牛；七日一舉洗者十有四，曰永豐……十日一舉洗者十有七，曰西焦原……凡為溝百三十有八」。危素生當元末明初，他是應張理之請寫序，而「是書，理之先贈少保府君諱潛所撰，以授其子贈少師府君諱盤、成忠府君諱甲。少師之孫參知政事忠定公諱燾，實序志之」。從《浸銅要略》著者張潛算起，張燾是其曾孫，張理是其第五代孫。張氏世代經營農田兼浸銅，掌握了膽水浸銅的技術，家境因而更加富有，子孫科舉出仕，張燾是隆興元年（1163）升任參知政事，貴顯的政治地位更加有利於維持張家的浸銅事業，故而危素序言說得那樣詳盡的膽水細節，三十二個小地名曆數不漏，一三八條溝算得那樣清楚，均能區分濃度差異，這決然是浸銅礦主自家親身經歷。根據這些

11　按上條《銅鐵鉛錫坑冶》條中列出的分計數計算，合計數比總數二六三一六九斤少四五六九斤，故膽銅、黃銅比重合計只有百分之九八點二五。

珍貴史實，可以看出德興縣旺盛的膽水資源，不僅是在北宋後期，而且延續至於南宋。

信州鉛山場的膽水與膽銅狀況，嘉定十四年（1221）成書的《輿地記勝》寫道：「（信州）今淋銅之所二百四槽，歲浸銅八萬九千斤」[12]。淋銅槽多而浸銅量低，該是後面說到的浸銅所需的鐵和礦場勞作者口糧供應不足所致。

鐵的產地二十州之中，不包括蜀中產地。按產量數排名，前六名是吉州、信州、撫州、建寧府、鬱林州、興國軍，其餘諸州都未超過二萬斤，南雄州最少，只四百斤。

信州、撫州等地鐵的具體產地及其去向：撫州的鐵礦場，稱東山場，乾道二年（1166）供應的數額為十一點七萬斤。同治《臨川縣誌》載，「宋乾道間，郡城東一百二十里東山產鐵，置東山鐵場，其爐凡四，曰羅首坪，曰小墅，曰赤岸、曰金峰。每歲額共趁辦鍋鐵二十四萬二千零四十六斤，解往饒州安仁縣，轉發信州鉛山縣」。[13]信州的二十五點七萬斤鐵，來自弋陽、鉛山、上饒、玉山、貴溪五縣，他們的產量依次為十萬、五點九萬、五萬、三點五萬、一點三萬斤。饒州的一點七萬斤鐵，來自餘干、德興、鄱陽、樂平、浮梁，分別是〇點五萬、〇點三八萬、〇點三五萬、〇點三萬斤、〇點一七萬斤。江州的鐵來自德安縣，洪州的鐵來自進賢縣。所有這些鐵都是運往鉛山場、（德

12　王象之：《輿地記勝》，卷二一，《江南東路・信州・景物上》。

13　同治《臨川縣誌》，卷十二，《地理・物產》。

興）興利場浸銅之用。吉州鐵的產地及使用情況不明[14]。

　　鉛產地二十州，信州獨多，其他諸州除潯州二點二萬餘斤之外，都未超過一萬斤，舒、處等七州各為幾百斤，福州才六十斤。

　　上述銅鐵鉛錫產地，都是納入鑄錢原料的重點礦場，在此範圍之外的沒有包括。例如銅礦，吉州也有開採。孝宗時期，趙師以宗室身分得到朝廷眷顧，被命「知吉州，即山煉銅，足冶欠額二十萬，進戶部郎官、淮東總領」。[15]他在不長的時間裡就能練得二十萬斤，可見這個（或幾個）銅礦規模不小。可能沒有長時間納入鑄錢司管轄，故而不見更多記載。

　　非金屬礦中，瓷石礦在饒州、撫州、吉州、贛州等瓷窯中心地，都適應陶瓷業的發展而開採，為陶瓷產量的增加提供充足的原料。浮梁縣的麻倉土開採正處於旺盛時期，麻倉土即是後世高嶺村開採的高嶺土，但「高嶺」之名出現在後，明朝嘉靖以前還不見記載。

　　煤礦，見於記錄的有豐城煤礦、萍鄉煤礦。祝穆淳祐六年（1246）已經編輯的《古今事文類聚》記載：「豐城、萍鄉二縣皆產石炭，於山間掘土，黑色，可燃，有火而無焰，作硫黃氣，

14　《朝野雜記》，卷十六《銅鐵鉛錫坑冶》僅記錄著「吉州鐵二十九萬斤」；《宋會要輯稿》食貨三三載乾道二年鑄錢司報告，寫明了信、撫、饒、江、隆興府鐵的來源及去向，其中沒有吉州，這說明吉州之鐵不是供浸銅需用，但是尚未發現更具體的相關文字記載。

15　《宋史》，卷二四七，《趙師𧮪傳》。

既銷則成白灰」。[16]《後漢書・郡國志》記錄建成縣（今高安縣）葛鄉有石炭，「可燃以爨」，祝穆的記錄趨於具體、準確，表明在使用煤炭的實踐中加深了對它的認識。

2. 膽礬和金銀的生產

膽礬，關係著煉銅、鑄錢，原有一批存儲。紹興二年（1132）閏四月六日，江西轉運副使韓球言：虔州、吉州、臨江軍等處有現管白礬、青礬、土礬三十餘萬斤，朝廷下令榷貨務發給礬引，「赴本路茶鹽司，出榜招人算請。其收到錢數，發赴行在所屬」。[17]

紹興十一年（1141）十二月四日，鑄錢司韓球上奏：據鉛山知縣同本場監官申報，截至七月二十日，煎煉到青膽礬六七六〇斤，掃到黃礬四五六四斤在庫，請求變賣。朝廷批准榷貨務的建議，參照建炎四年（1130）十月九日詔命，撫州青膽礬每斤價錢一二〇文省，土礬每斤三十文省，今鉛山場所產青膽礬比撫州礬質稍高，每斤作一五〇文，黃礬亦比土礬稍高，每斤作八十文。礬引每契（張）一百斤，由客商赴務請買。並參照茶、鹽、鈔引例規，每契另收市例頭子錢、工墨錢等四十一文。鉛山場的膽礬產量後來有提高，紹興十二年六月煎煉到青膽礬、黃礬共一一三〇〇餘斤。賣礬價款分作十一份，其中六份上繳榷貨務，五份留作煎礬工本。

---

16 祝穆：《古今事文類聚》，續集卷十八，《石炭》。

17 《宋會要輯稿》，食貨三四之六。

金、銀的開採資料，文獻記載稀少。《朝野雜記》中只提到金：「饒州舊貢黃金千兩，孝宗時，詔損三之一。」如果將這一句減少貢金數額的記述，認定即是常年的產量指標，則可以推知為每年約六七百兩。饒州所產的黃金，是昌江、樂安江中淘洗的沙金。饒州產沙金，《漢書》已見記載，以後《晉書》、《天工開物》都有都陽、樂平產沙金的記錄，可見樂安江淘洗沙金歷史久長。

筠州上高縣蒙山銀礦，光緒《江西通志》記為寧宗慶元六年（1200）置場開採。該礦在縣境南部的蒙山多寶峰，又名太子壁，處於上高、新喻、分宜三縣交界點。據一九八二年上高縣文物普查隊實地勘查，在長約一四〇〇米，寬約二百米的範圍內，有礦井遺址十八處，其中第一、二號礦井採掘最深最長，一號井古名「扁漕洞」，井口壁有約二平方米的石刻一方，文字為明代題刻和南宋題刻互相疊壓，但仍能部分區別開來。題刻末句為：「寶祐三年六月，戶長曹仁七、廖花二、李紹九、晏辛三、簡化二、陳春一、黃線二、曹……」。[18]該銀礦從官府置場開採，到寶祐三年（1255）封禁，前後開採了半個世紀。封禁的原因不明。所列戶長姓氏，與現今附近鄉村大致符合，如上簡村——曹，下簡村——簡，甘田村——廖，東湖村——李、陳，白石村——晏，簡裡村——簡，馬屋村——黃，各村父老相傳，祖先均是宋時遷居到此。

18　詳見《上高縣文物誌》第二編第二章第三節《銀礦採冶遺址》。

礦井遺址西面約五里的監裡村，是當年冶煉之地，這裡礦渣遍地，堆積如山，面積超過一五〇〇〇平方米，厚度平均十米，估計有五十萬噸。中間留有平地一片，今稱「爐坪」。對地面礦渣進行化學成分分析，每噸含銀十克，反映出當年提煉白銀的技術水平不太高；鐵的物相分析亞鐵高，是冶煉溫度較低的緣故。由於該礦元代、明代都在原地繼續開採，直到萬曆二十三年（1595）再度封禁，地面遺物相互摻雜，已經難以準確識別南宋時期的採礦、冶煉實情。

二 鉛山場、永平監的冶鑄生產

以信州鉛山場、饒州永平監為首的淋銅、鑄錢生產，北宋後期依然比較旺盛。單就鑄錢而言，建炎元年（1127）七月，工部員外郎李士觀說：江、池、饒、建州四監歲鑄錢一三〇萬貫（其中江州 24 萬，池州 34 萬餘，饒州 46 萬餘，建州 25 萬餘）；四監共役兵三八〇〇餘人，其後遠遠達不到此數。對鑄錢量直線下降的原因，李心傳《朝野雜記》指出是銅鐵鉛錫供應量急遽減少，他說：大觀中，江、湖、閩、廣十個鑄錢監，每年共鑄錢二八九萬四百緡，「自渡江後，歲鑄錢才八萬緡，近歲始倍。蓋銅鐵鉛錫之入，視舊才二十之一（舊 1320 萬斤，今 70 餘萬斤），所鑄錢視舊亦有二十之一爾」。[19]除鑄錢原料供應不足之外，還

---

19 《朝野雜記》，卷十六，「東南諸路鑄錢增損興廢本末」。所列江、池、饒、建四監鑄錢數之和為一二九點四萬，比總計數一三四萬約

有其他多方面的原因。這些內容並不全是江西地區的史事，而是
與江西關係密切，二者實難分開，從一個側面反映了江西在全局
中的緊要地位。

1. 冶鑄衰退原因分析

　　建炎、紹興年間，江、池、饒建四監所在地區戰亂嚴重，城
鄉殘破，鑄錢勞作必難正常進行。正是根據江州、池州兵災特別
慘重的事實，紹興二年（1132）八月，將江州廣寧監併入虔州鑄
錢院，池州永豐監併入饒州永平監。當年兩監只鑄得八萬緡，僅
為舊額的百分之○點六多一些。[20]在宋金戰事緊張的環境裡，沿
江地區的舟船成了戰略物資，百姓的船被搶去，鑄錢司的運料綱
船也不能倖免。紹興二年八月七日，尚書省言：饒州鑄錢司本有
綱船二八○只，「累年以來多是過往軍隊虜奪綱船前去」，現只
剩下十七只，「致綱運敗缺」。[21]進出運輸的綱船沒有了，鄱陽湖
濱的永平監等於癱瘓，原料進不來，鑄錢量必然跌落下來。然
而，類似的戰亂破壞畢竟為時不久，時局緩和之後就應該好轉。
探尋其經常性的原因，還有以下諸方面。

　　首先，鑄錢成本太高，費多而得少，錢幣鑄造得越多，消耗
的本錢越多。紹興三年（1133），江南宣諭使劉大中回朝上奏：

　　少五萬。《宋會要輯稿》食貨十一之一建州豐國監作「三十四萬」，
　　加上其他三監為一三九萬，又多出五萬。徐規先生點校此條指出，
　　「『二十四萬四百』似應作『二十九萬』」。
20　《系年要錄》，卷五七，紹興二年八月癸巳。
21　《宋會要輯稿》，食貨五十之十三。

「泉司官吏之費，歲為十三萬緡。而木炭、本錢如鑄錢之數，請省其官屬」。當時鑄錢一千，用本錢二千四百。紹興元年至三年，虔州、饒州錢監共上解十二萬餘貫，而本錢等共費二十五萬八千餘貫，得失差距太大。精簡機構，壓縮開支，是救弊的臨時辦法。朝廷批准了他的建議，減少鑄錢監的官吏人數。甚至由於費用太高，曾經乾脆停罷鑄錢，出現「是時坑冶盡廢」的局面。

其次，礦藏枯竭，銅的來源減少，錢料供應不足。紹興五年（1135）冬，戶部侍郎王俁奏請恢復鑄錢，為了收集銅料，下令「悉斂民間銅器以鑄錢」，藉以彌補鑄錢原料空缺。六年五月甲午，又下令禁止民間鑄造銅器，凡是「私鑄銅器者徒二年」。

永平監設在饒州鄱陽，衙署南臨鄱江，鑄錢用銅主要靠信州鉛山場供應，船裝運來。但鉛山場煉銅量也在減少，這就對鑄錢主要銅材的供應構成大威脅。紹興中期，朝廷對鉛山場淋銅生產的衰退，進行過專門討論調查。紹興十二年（1142）七月十二日，敷文閣待制兼侍講、兼同修國史洪邁對高宗說：臣家居饒州，「聞冶鑄所仰，莫如信州鉛山之銅，而比年以來常以乏少為患」。至於鉛山銅銳減的原因，洪邁沒有直說，而是介紹一次實地調查的結果，他說：頃年嚴州淳安縣丞余□被差去鉛山場，「體訪坑冶利病，見每歲所得銅數比往昔十無一二，因咨訪耆老，皆云：昔系是召集坑戶，就貌坪官山鑿坑取垢淋銅，官中為置爐烹煉，每一斤銅支錢二百五十，彼時百物俱賤，坑戶所得有贏，故常募集十餘萬人，晝夜採鑿，得銅鉛數千萬斤，置四監鼓鑄，一歲得錢百餘萬貫。數十年以來，百物翔貴，官不增價收買，坑戶失利，散而之他，而官中兵匠不及四百人，只得銅八九

萬斤。人力多寡，相去幾二百倍，宜乎所得如是之遼絕也」。這位餘縣丞將鉛山場北宋時的旺盛，與現時的低落對比，極有說服力。物價飛漲，坑戶虧損，兵匠人少，「相去幾二百倍」，只能是得銅極微。鉛山場萎縮了，仰賴鉛山銅的永平監必然跟著跌落。

鑒於洪邁提供的事實，高宗詔令江淮等路提點坑冶鑄錢耿延年，「疾速躬親前去，相度利便奏聞」。半年之後，耿延年回奏：在鉛山縣「先次措置招召民戶從便採鑿」，「經今兩月，並無情願應募之人」；隨後，他親至鉛山場，同官屬吏卒登山相視，推尋故跡，考察貌坪山取採垢土淋銅的實況。結果發現貌坪山只是「鉛山場一小山爾，況其地穿鑿極甚，積土成山，循環復用，歲月浸久，兼地勢峻倒，不可容眾」。這是極殘酷的現實，地下資源總有用盡之時。耿延年在附近「又檢踏出（竹）葉塢山巔稍平數處，更可增四十槽，其合用添招兵匠，起造屋宇」，帶來一線重振的希望。戶部、工部對耿延年的踏勘報告進行審核，認為所說只有一節可取，即「欲於竹葉塢山巔見有地稍平，數處可以更增置淋銅盆槽四十所，得銅二萬斤，會計合用本錢一萬八千一百餘貫，可添鑄折二錢八千貫文」，此外，別無利便。出榜招募民戶採鑿，「無人應募，可見此事難行」。新增四十槽淋銅，能浸得膽銅二萬斤，但工本費需一八一○○貫，而鑄錢所得為八千貫，得失相差懸殊。戶工二部提議，竹葉塢增槽淋銅之舉，「欲下江淮等路鑄錢司更切契堪」。最後高宗同意再次核查。[22]核查

第六章・手工業、商業的變化發展

的結果，未見下文。

第三，官吏貪殘，管理廢弛。紹興十三年（1143）底，江淮荊浙福建廣南路都大提點坑冶鑄錢韓球，著重揭露了管理方面的兩種腐敗，他說：「諸處檢踏官吏大為民㷉，有力之家悉從辭避，遂致坑源廢絕，礦條堙廢。間有出備工本為官開濬，原佃之家已施工力，及自用財本起創，未享其利，而嘩徒誣脅，檢踏官吏方且如追重囚，黥配估籍，冤無所訴，此坑冶所以失陷。又照得舊來銅坑必差廉勤官吏監轄，置立隔眼簿，遍次歷……近年既不差官，及無隔眼、遍次簿歷……則其淆偽可知」。[23]官貪吏殘，致使無人敢佃山開礦，又放棄了切實有效的管理監督制度。這種官僚腐敗的破壞性，比貌坪山「穿鑿極甚」還要厲害。

第四，鉛山場位於鉛山縣永平鎮的山區，聚集的兵匠很多，而口糧供應困難，制約了浸銅生產。地方官為此而苦惱。寧宗嘉定九年（1216），經過力爭，截留得一六〇〇石上供綱米，增加鉛山場口糧供應，視為大事，特著文刻碑，以資紀念。其中說道：

膽泉不常旺盛之情，萬曆《鉛書》錄存一篇《膽泉銘》記錄的一件事可為佐證：淳熙八年（1181年）五月庚辰大雨、震，使「鎖山」膽泉乾涸，而在東邊一個地方冒出一股新的膽泉，場官遂調集一百餘人勞作百餘日，建築了新的膽水槽，「深兩尋，而廣四之，其長又百倍」。此《膽泉銘》作者，《鉛書》記為「宋尉馬子嚴」，同治《鉛山縣誌》改為韓元吉。今查韓元吉《南澗甲乙稿》，無此文。本書轉引自一九九〇年版《鉛山縣誌》卷二七藝文，南海出版公司，第 571 頁。
23 《宋會要輯稿》，食貨三四之二二。

鉛之阜，寶藏興焉。鉛之泉，寶貨化焉……場兵千夫，服勞力作，糧糧唯邑之供。冶臺歲運江、淮、湖、廣之鐵，泛彭蠡，溯鄱水，道香溪而東。歲計所用銅，取諸鉛之泉者幾半。初額為斤十有三萬，其後加之一倍。晝作不建（逮？），繼以夜工。率一夫而食二人之食，邑計供億乃不充。令告匱無所，懦者束手以罔措，健者取給於鑿空，同底於戾，卒不克終。時嘉定九年（1216），郡守、諸臺合辭上奏，請歲留綱解米，為斛千有六百以補之，猶不足也。越十有三載，董餉計者視故籍，復責輸焉……**24**

十三年後即是紹定二年（1229），要鉛山縣補繳截留的綱米，多上供一六〇〇石糧。幸好鉛山縣令章謙亨、信州知州陳章再次力爭，終於奏准減少上供數量，即是永久性綱米截留一六〇〇斛，「州家歲留之米，遂為鉛邑永久之利」，「夫米給，銅課登，鼓鑄羨，圜泉衍，惠利周於四海」。鉛山場上千名役兵和更多的坑戶工匠，他們的口糧「唯邑之供」，必然會加重本縣的負擔，出現「供億乃不充」的困難。截留上供糧一六〇〇石，補助場兵與工匠的口糧，確實有利於浸銅生產發展。只不過實際落到役兵、工匠頭上有多少，無法知道。

第五，政策多變，主管者被動，鑄錢難有提高。紹興二十四年（1154），罷鑄錢司，將鑄錢事交各路轉運司主管。三年後，

戶部侍郎林覺請求朝廷撥付八萬緡給饒、贛、韶三州作鑄錢的本錢，暫定每年鑄錢額為十五萬緡。由於有官僚提議復置鑄錢司，高宗命大臣們討論，中書舍人洪遵曰：「自中興來，置都大提點，官屬太多，動為州縣之害。間者亟行廢罷，又無一定之論，初委運使，又委提刑，又委郡守、貳，號令不一，鼓鑄益少。竊以為復置便」。[25]

二十七年（1157）八月，重新設立提點官，統管各監鑄錢。由於政策多變，主管機構和鑄錢監廢置不定，故而在錢監的役兵、工匠「有闕不補，視舊數十損其三」。

乾道元年（1165），朝廷批准提點坑冶鑄錢司王楫、李大正的建議，復置饒州司、贛州司，饒州司主管江南、淮南、兩浙、潼川、利州路；贛州司主管江西、湖南北、二廣、福建路，錢糧物料並依所分路分催趁促辦。

淳熙十四年（1187），右相周必大函告提點坑冶鑄錢趙從善：「察天堂山鐵樣，及相度措置鉛山場等，並以進呈。正恐招兵費大，江東諸郡歲供難繼，遂爾遲遲。如增盆漕，添作屋，使司自可施行，莫不須待報否」。[26]這段話的意思，前半截解釋遲遲未上奏的顧慮，後半截是說「增盆漕，添作屋」之事鑄錢司可以作主施行。直接關係鑄錢的事項，提點鑄錢的長官不敢（或不能）作主裁決，而朝廷財政緊張，顧此失彼，所以亟待解決的鑄

25　《宋史》卷三七三，《洪皓傳附洪遵》。
26　周必大：《文忠集》卷一九七，《趙從善泉使》。

錢難題得不到及時處理。

　　第六，韶州岑水場一落千丈，影響很大。據李大正說：「近點檢韶州岑水場黃銅遞年課額，雖號二三萬斤，而堪用者實少，蓋坑戶只於舊坑中收拾苴滓，雜以沙土，或盜他人膽銅。烹成片鋌，其面發裂，殆若泥壤，每斤價直計二百二十文省，徒費官錢。」而設在這裡的「永通監遞年鑄錢多不及三千貫，或四千貫」。[27]韶州岑水場煉銅與永通監鑄錢的產量下降，還因役兵的口食太少，李大正指出：「淋銅取土皆在窮山絕嶺，所役兵士皆是二廣配隸之人，衣糧經年不至，今欲依信州鉛山場兵士例，日支米二升半」。韶州銅場與錢監衰落嚴重，是南宋礦冶普遍衰退的集中反映，間接影響著江西礦冶業的發展。

　　以上諸端弊病，最終造成錢幣鑄造量減少。紹興二十八年「出御府銅器千五百事付泉司，大索民間銅器」；二十九年又「令命官之家留現錢二萬貫，民庶半之」；寺觀的鐘、磬、鐃、鈸登記固定，「不得添鑄」；淳熙三年（1176）閏六月，孝宗內批拿出皇宮中的銅器八千餘兩，交付尚書省作鑄錢之用，旨在激發百姓交納銅器，籌集鑄錢銅料。十二月，下詔諸路州縣，每月稽查民眾「有無私鑄銅器」，以及繳納銅器是否盡淨。四年十月，四川總領所建議，將利州兩個銅場每年「餘剩草銅」收買，「隨綱解發江州交卸，轉發至饒州鑄錢司」。[28]皇帝后宮使用的銅器，

27　《宋會要輯稿》，食貨三四之二一。
28　《宋會要輯稿》，食貨三四之三二。

竟然在拿出一五〇〇件之後不久，又拿出八千餘兩，交付鑄錢司改鑄為錢幣，可見是在盡量湊集鑄錢銅材；但由此也可發現，耗費寶貴銅材的禍首正是皇家自己。然而，這樣拘刮畢竟不能經常進行，只能是臨時性的應急措施，「唯當據坑冶所產」，才是長久之計。據提點鑄錢公事李植奏：「紹興以來，歲收銅二十四萬斤，鉛二十萬斤，錫五萬斤，僅可鑄錢一十萬緡。」銅鉛錫的數量，只及北宋產量的零頭[29]，實際所鑄的銅錢量，也就只能是這個數量。

南宋朝政不振，從大局上制約了坑冶鑄錢，延至淳熙五年（1178）閏六月，新任提點江淮等路坑冶鑄錢姚述堯，依然舊事重提，上奏冶鑄二事，其一：諸處坑場不是沒有銅可開採，而是因為「鄉保障固」，不讓開挖，「乞行下諸州出產銅坑現今興發處，委通判招募人戶開採，支與實直價錢，不得抑令坑戶責認歲額」。官府要給佃山挖礦的坑戶「支與實直價錢」，這說明紹興中期已經指出的劣政，仍然沒有革除。

其二：韶州岑水場、信州鉛山場等處的浸銅生產，非無膽水，只緣給鐵不如其數、又不及時，導致銅課虧少。「乞下淋銅

29　《宋史》卷一八〇，《食貨下二》。北宋銅、鉛、錫的產量，依《宋史》卷一八五《食貨下七》的記載為：
皇祐中（1049-1054）銅五一〇〇八三四斤；鉛九八一五一斤；錫三三〇六九五斤；
治平中（1064-1067）銅六九七〇八三四斤；鉛二〇九八一五一斤；錫一三三〇六九五斤；
元豐元年（1078）銅一四六〇五九六九斤；鉛九一九七三三五斤；錫二三二一八九八斤。

及產鐵處州軍，委通判措置拘催合用鐵數，發下場監，督責監官趁水淋浸。所用兵匠，不得州縣妄占，如有違戾，許從本司具名按劾」[30]。浸銅需要的鐵供應不足，不及時，原因為何？不見記述。然而提出「所用兵匠，不得州縣妄占」，則是一個大問題，反映出地方官僚並不看重浸銅鑄錢之事，只顧以權謀取私利。

姚述堯在這裡點出的「鄉保障固」問題，值得注意，反映出民眾對濫採礦藏造成的環境破壞，已經在自發地進行抵制。

2. 銅錢產量與質量

饒、信二州膽泉旺盛，浸鐵鍊銅鑄錢，人們對此寄以極大的期望。洪適給饒州鑄錢司長官趙某致詞：春天來了，膽水池解凍了，朝廷需要增添錢幣數量，不求鑄造鼎彝，能夠提高鑄錢量，就會給你記功。然而，南宋鑄錢量難以上升。

紹興初，江州廣寧監並於虔州，池州永豐監並於饒州，「歲鑄才及八萬緡」。[31]

紹興二年（1132），以坑冶得不償失，將鑄錢監的官員全部罷去，由所在縣令兼管。當時江東轉運副使馬承家奏請保留饒、信二州銅場，因「二場皆產膽水，浸鐵成銅」，獲得批准。[32]這表明，膽銅已是南宋鑄錢的基本銅料。在紹興一二兩年，饒、虔二監共鑄過銅錢二十萬緡，實際起發過十二萬緡，「而用本錢十

30　《宋會要輯稿》，食貨三四之二六。
31　《宋史》，卷一八十，《食貨下二》。
32　《中興聖政》，卷十二，紹興二年十月辛卯。

二萬緡，吏卒之費又二十三萬緡，得不償費」。[33]

紹興三年（1133），江南宣諭使劉大中說，當時一千錢所用銅鉛共四斤二兩。按這個數額衡量，再扣除鑄造過程中的損耗，一千錢將不足四斤，可見其輕薄。

紹興五年（1135）冬恢復鑄錢，給永平監、虔州鑄錢院下達每年鑄錢四十萬緡的定額。但是，籌集銅料的詔令收效甚微，鑄錢仍然得不償失。於是，提點坑冶鑄錢趙伯瑜提出「乞減鑄錢（額），每千錢重四斤五兩，比舊減半斤。許之。」趙伯瑜定下的四斤五兩標準，旨在防止低於四斤的現象，卻比不上舊錢的一千重四斤十三兩，更比所謂「盛世」的標準（每千錢重五斤）低。而這正是紹興年間社會大勢不穩和朝廷財政十分吃緊的反映。

紹興十三年（1143）底，都大提點江淮、荊浙、福建、廣南路坑冶鑄錢韓球，必欲鑄得新錢，調民勞作，興復廢坑，甚至「發墳墓，壞廬舍，而終無所得」[34]。他又奏准：「籍坑戶姓名，約定買納銅數」，強制採礦民戶限額交納銅料。這些劣政逼得百姓銷毀銅錢當銅交納，結果仍只鑄得新錢十萬緡。

紹興二十七年（1157），戶部侍郎林覺上奏鑄錢形勢：前年鑄得十四萬緡，去年得二十二萬緡，今年權且以二十三萬緡為額，但是「不得復以舊錢代發」[35]。看數字增加，似乎鑄錢形勢

33　《中興小記》，卷十五，紹興三年十一月。
34　《系年要錄》，卷一四八，紹興十三年閏四月丁酉。
35　《系年要錄》，卷一七七。

大有好轉，實際上存在巨大的虛假成分，以舊錢充當新錢起發的行為，將真相揭露無遺。

紹興三十年（1160）五月，鑄錢司提出「歲課」只可鑄得十萬緡，請求定額即為十萬緡，但「工部奏為五十萬緡，然亦只鑄十萬緡而止云」。[36]

乾道以後，增至十五萬緡，其中小平錢一點八萬緡；折二錢六點六緡（折合小平錢 13.2 萬緡）。而每年費鑄本以及綱運費用，約二十六萬緡，加上泉司官吏之費約二萬緡，共需二十八萬緡，大大超過所鑄得的錢數。以鑄造輕薄的小平錢、折二錢來提高鑄錢總額，依然是錢幣需求與供應不能協調，朝廷無力解決財政困難。

理宗時期，鑄錢司「一年所鑄不過一十五萬貫，而費近二十文之本，方得成一文之利」[37]。存在二十比一的本利差距，仍然要堅持鑄錢，這只能從南宋朝廷的政治天平上去找答案。

簡言之，南宋鑄錢量維持在每年十萬緡上下。這些錢的品質，也比往昔更差。就分量而論，更為輕薄。當二錢：每貫足重四斤五兩（其中銅二斤九兩半，鉛一斤十五兩半，錫二兩，木炭五斤，除火耗七兩外，得淨錢四斤五兩）。

小平錢：每貫足重四斤十三兩（銅二斤十五兩半，鉛二斤一兩半，錫三兩，木炭八斤，除火耗七兩外，得淨錢四斤十三

36　《朝野雜記》，甲集卷十六，《鑄錢諸監》。
37　包恢：《敝帚稿略》，卷一，《禁銅錢申省狀》。

兩）。

這個原料配比，與舊制比較，銅少而鉛多。例如，北宋真宗天禧錢制，每千錢用銅三斤十四兩，鉛一斤八兩，錫八兩。高宗紹興錢制，每小錢一千（以 770 文當一千），用銅二斤半，鉛一斤五兩，炭五斤。

對銅錢質量的評估，在注意其重量之外，還要考察其金屬性質。乾道八年（1172）十一月，江東路梁俊產奏：對新錢質量進行了檢查，發現「饒州（永平監）九月新錢二萬餘貫，內一分系黃銅錢，九份帶鉛錫錢」。追究的結果，鑄錢的人吏並（永平）監官，乃至朝廷上的左藏西庫監官，均受處分。[38]新錢銅的含量低，如果只是相關的人吏作弊所致，問題就比較簡單，就不會長期延續下來。

端平元年（1234）五月，幹辦諸軍審計司章謙亨奏浸銅事，理宗曰：「實鐵爾」。章謙亨說：「紹聖間以鉛山膽泉浸鐵為之，令泉司鼓鑄，和以三分真銅，所以錢不耐久。」[39]在這裡，膽銅被貶為鐵。這是否過激之論，今天已經難以求得實物，進行理化分析驗證。而且，把哲宗紹聖年間（1094-1098）所鑄之錢也判定為「不耐久」的劣質錢，顯示問題由來已久，病根出在錢料上面。真銅，即礦銅。用膽銅鑄錢，只參用三分礦銅，其錢有「不耐久」的缺陷。這樣重大的事項，為何當時人沒有看到，遲至一

38　《宋會要輯稿》，職官四三之一六六，食貨五一之三三。
39　《宋史全文》，卷三二。四庫本。

百多年之後才見提及。這是值得深入考證的課題。

　　紹興末年膽銅數量占銅的總量百分之八十以上，而信州、饒州所得又約占其中一半。所以，南宋的銅錢基本上是膽銅所鑄，而且半數是信州、饒州的膽銅，因而，必然也有和紹聖間銅錢同樣的問題。這又涉及對膽銅品質的評價。把鐵浸在膽水中，發生銅與鐵的分子置換反應，從而得來的膽銅，會含有多少鐵的成分，乃致使鑄成的銅錢質量也受影響，這需要通過精細的物理、化學實驗，才可能得到比較真切的認識。

　　永平監在鑄造銅錢之外，還發揮其冶鑄技術優勢，鑄造鋼刀，聲譽傳進朝廷。淳熙末年（1189？），吳興人沈作賓掌饒州永平監，其間「冶鑄堅致，又承詔造雁翎刀，稱上意，連進兩資」。[40]沈作賓主持生產的錢幣質量，獲得「冶鑄堅致」的評價，並因而鑄造了「雁翎刀」，使孝宗滿意，不知他是否用了膽銅鑄錢。在鋼鐵冶煉業中，信州上饒鑄造的「二儀刀」是傳統名產，五代時已經流行，到宋代仍是人們的餽贈禮品，陶谷記載稱：「上饒葛溪鐵精而工細，余中表以剪刀二柄遺贈，皆交股屈環，遇物如風，經年不營（？）。一上有鑿字曰『二儀刀』」。[41]

3. 廣寧監、豐余監、裕國監

　　南宋時期，江西在永平監、贛州鑄錢院之外，還有江州廣寧監、臨江軍豐余監、撫州裕國監。江州廣寧監名稱沿用了北宋

40　《宋史》，卷三九〇，《沈作賓傳》。
41　陶谷：《清異錄》，卷下。

第六章・手工業、商業的變化發展

・乾道、慶元鐵錢

的，內容和作用另當別論。這些錢監的建置和鑄錢情況只見很少
的記載：

孝宗乾道六年（1170）十二月甲子，「置江州廣寧監、臨江
軍豐余監、撫州裕國監，鑄鐵錢」。此三監與興國軍大冶監統歸
發運司管轄。乾道八年（1172）九月，將江南每年鑄鐵錢三十
萬貫的定額分配給四監：江州廣寧監、興國軍富民監各十萬貫，臨
江軍豐余監、撫州裕國監各五萬貫。第二年維持這個定額，第三
年即淳熙元年（1174）調整為：「將興國軍富民監、江州廣寧監
歲額量行裁減各一萬貫，卻令臨江軍豐余監、撫州裕國監管
認」。[42]這樣，富民監、廣寧監各九萬，豐余監、裕國監各六萬
貫。這些鐵錢都運赴兩淮一帶州縣行用。江州廣寧監原來鑄銅
錢，紹興二年（1132）合併於虔州鑄錢院，不存在了。現在重建

42 《宋會要輯稿》，職官四三之一六六、一七四。

的廣寧監，專為鑄鐵錢，名稱雖同，功能則不一樣。

　　新建立的江州廣寧監、臨江軍豐余監、撫州裕國監，在孝宗時期都有生產，各監所鑄之錢背面都有錢監銘文，如「廣」、「豐」、「裕」，以資區別。現今已經見到的有臨江軍豐余監的產品。一九八五年夏天，江蘇高郵市在拓寬大運河工程中，出土了豐余監鑄造的兩種折二鐵錢，一為「乾道元寶」，背有「豐」字；二為「淳熙元寶」，背有「豐」字。河南商城、固始等地也出土過背有「豐」字的「乾道元寶」、「淳熙元寶」鐵錢。

　　淳熙六年（1179），豐余監停廢。廣寧監、裕國監廢罷時間不詳。

三　贛州鑄錢院的鑄錢生產

1. 虔州鑄錢院的設立

　　虔州鑄錢院，在今贛縣。大觀二年（1108）四月始建，一說是大觀四年。[43]

　　宋代官府鑄造錢幣的專門機構，大多數稱作「監」，少數稱作「院」，二者有什麼區別？據《宋史・食貨志》相關的記載可以得到一個大概的印象。其文曰：徽宗崇寧二年（1103）蔡京當政，令陝西及江、池、饒、建州錢監鑄當五大銅錢，令舒、睦、衡、鄂州鑄錢監鑄折十錢，限當年鑄銅錢三十萬貫，鐵錢二百萬貫，「募私鑄人丁為官匠，並其家設營以居之，號鑄錢院，謂得

43　王應麟：《玉海》，卷一八〇，《食貨・錢幣》「元豐二十七監」夾注。

昔人招天下亡命即山鑄錢之意」。從崇寧到大觀，總共才九年，而崇寧二年之後建的鑄錢院只有虔州鑄錢院、信州鉛山鑄錢院、英州、連州六所鑄錢院。當時為增加鑄錢量，需求足夠的工匠，便採取了「募私鑄人丁為官匠」的措施，實行「並其家設營以居之」，該是從鑄錢安全問題上考慮。饒州永平監、江州廣寧監、池州永豐監、建州豐國監等大型的老牌鑄錢監的勞作者主要是「役兵」，他們在建立之時都不涉及工匠的家屬安置事宜。而「院」則是徽宗時期招募民匠組建起來，並將他們的家屬統管在鑄錢院。所謂「昔人招天下亡命即山鑄錢」，這是在借古人做擋箭牌[44]，把「盜鑄」者化作官家之人，為朝廷鑄錢。由此透露出一個信息，虔州的大山窮谷中，有相當一批具有冶鑄技能的勞動者。

紹興二十三年（1153）虔州因駐軍齊述的叛亂，改名贛州，同時將虔化縣改名為寧都縣。依此類推，虔州鑄錢院也改稱為贛州鑄錢院。

從虔州鑄錢院設立的背景中可以看出兩點，一是虔州民間私鑄很盛，善於鑄錢的工匠很多；二是當地有比較充足的鑄錢原材料（私鑄問題，詳見下節）。鑄錢原材料則與礦業直接相關。根據《宋會要輯稿》、《元豐九域志》、《文獻通考》、《宋史》等基本史籍的記載，宋代贛南開採中的礦產有：

44　《史記》，卷一〇六《吳王濞列傳》載，劉濞在章郡銅山「招致天下亡命者盜鑄錢」。

銅：大庾、南康、瑞金；

鉛：大庾、寧都；

錫：寧都、會昌、南康、大庾、上猶；

鐵：虔州六冶務、上猶；

金：南康；

銀：贛縣、雩都、瑞金、大庾。

上列礦產地是官府掌握中的礦場，有的設有官辦的開採機構，如虔州的六個鐵冶務。因礦藏的深淺與儲量差異，產量的旺枯變化較大，礦場處在興廢不常之中。雖然這些礦產地不是幾百年不衰地採冶，但登記在官府簿籍上，則無疑是比較重要的礦產地。鑄銅錢、鐵錢所需的金屬礦物，在贛南有多處採冶礦場；而層巒疊嶂、氣勢磅　的自然地理環境，既提供了充足的木炭等燃料，又隨處都能找到幽深隱蔽之地，方便煽爐鼓鑄。所以，這裡的礦冶、鑄錢業自然會興旺起來。

2. 鑄錢院的鑄錢、鑄鏡生產

虔州鑄錢院屬於鑄造銅錢的場地，據贛州市文物考古工作者實地調查，該鑄錢院遺址在贛州城郊水西鄉水西村的鐵屎嶺，與贛州城隔江相望，面積達一千餘平方米，地表有大量的冶鑄廢渣，堆積厚度達二米以上。

虔州鑄錢院的產量，在《玉海》的記載中為「無定額」。《宋史》食貨志寫它在徽宗宣和年間（1119-1125），和饒州永平監同時鑄小平錢，「每緡用鐵三兩，而倍損其銅，稍損其鉛」。這種小平錢，鑄造了多少？不見記載。南宋以後，虔州鑄錢院的地位有所提高。由於長江沿岸的江州、池州等地殘破，紹興初年，並

廣寧監於虔州，該是並於虔州鑄錢院。紹興三年（1133）十一月十二日臣僚上言：虔、饒兩州自紹興元年至三年，「共起發過一十二萬二千餘貫。用本錢及官兵應干請給，總用二十五萬八千餘貫。即是費官錢蓋三之二」。[45]三年之間兩監才十二萬餘，平均每監一年約二萬貫，所耗費用是雙倍。

紹興六年（1136）「贛、饒二監新額錢四十萬緡」，姑且兩監平分，各得二十萬。當時提點官趙伯瑜以為所得不償所費，遂罷鑄錢，將「歲額銅、炭積而不用，盡取木炭、銅鉛本錢，及官吏闕額衣糧、水腳之屬，湊為年計」[46]。即是把原來鑄錢的全部開支，轉作財政收入。每鑄錢一千，費本錢二千四百，故有「得不償失」的批評。停鑄約六年之後，紹興十三年（1143），「韓球為使，復鑄新錢……然所鑄亦才及十萬緡」。《食貨志》這條記錄中的「十萬緡」，應理解為諸監鑄錢總數，不是某一個鑄錢監（院）的鑄錢量，故難從其中析出虔州鑄錢院的份額。

紹興二十七年（1157）「復饒、贛、韶鑄錢監」[47]。據此，則贛州鑄錢院在紹興六年之後，曾經罷廢。為了恢復饒、贛、韶三州鑄錢監鑄錢，戶部侍郎林覺請求朝廷出錢八萬貫作本錢，每年定額鑄十五萬貫。實際只鑄得十萬貫。

45　吳曾：《能改齋漫錄》，卷十三，《鑄錢費多得少》。

46　《朝野雜記》，甲集卷十八，《鑄錢諸監・紹興、慶元榷銅》。

47　此據《宋史》卷一八〇食貨下二。吳曾《能改齋漫錄》在上面所引條目中說紹興丙子罷，己卯復「建司置官」，則是紹興二十六年（1156年）罷廢鑄錢司，二十九年（1159年）恢復。

孝宗隆興元年（1163），詔依紹興初年的錢制，鑄當二錢、小平錢。乾道八年（1172），饒州、贛州復各置鑄錢提點官。當時永平監「以新鑄錢毀雜」，提點鑄錢官、永平監官等人均受到「責降」。新鑄錢質量毀雜的現狀，在贛州鑄錢院也是難免的。

　　贛州鑄錢院還鑄造了銅鏡。據《中國文物報》二〇〇三年披露，現有彭適凡、陳學斌兩位先生各收藏一面贛州鑄錢院銅鏡。兩鏡形制稍異，均作六瓣葵花形，但彭鏡為弧形邊，鏡面更大，圓徑二十六點三釐米，鏡背銘文在左側；陳鏡為直形邊，鏡面小，直徑十八點五釐米，鏡背銘文在右側。兩鏡銘文的內容、字體、字數、排列方式相同，是使用同一戳子打上的。兩鏡均素樸無紋飾。戳記豎排四行，文曰：

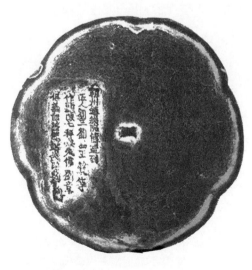

・贛州鑄錢院鑄銅鏡

贛州鑄錢院鑄造到

匠人劉三劉小四王念七等

作頭陳七秤典朱懂劉章

保義郎差監鑄錢院劉元（押）**48**

　　這些銘文，表明了此鏡的鑄造場所，鑄造工匠等的姓名，為瞭解該鏡的身世提供了直接的證據。首先，它的出生地，是贛州鑄錢院，這是該鑄錢院在鑄造錢幣之外，還鑄鏡的證明。由此推想，其他的鑄錢監，如饒州永平監這種核心鑄錢基地，極可能也是如此，但這尚需實物證明。

　　其次，銅鏡的鑄造者，是劉三、劉小四、王念七等，他們是最底層的銅鏡鑄造工匠，把他們的姓名標註在產品上，極為難得而可貴。之所以鑄出匠人名字，應是對鑄造質量表示有據可查。

　　再次，生產負責人，是作頭陳七；秤典朱懂、劉章。「作頭」，即銅鏡這個產品的生產工頭，宋代手工生產中對不同的行業都稱某某「作」。「秤典」，是負責稱銅鏡重量的人。這個職位設有朱懂、劉章兩人，可見鑄錢院對銅鏡重量很注意，防備出現缺斤少兩。宋代銅鏡是依據重量並兼及質量作價的，故有的銅鏡上鑄出「每兩一百文」或「每兩一百五十文」的銘記，還有的鑄明「每兩一百文，佳者每兩一百五十文」，明碼標價，以示誠信

48　彭適凡：《南宋「贛州鑄錢院」葵形銅鏡》，載《中國文物報》二〇〇三年五月二十一日；陳學斌：《對南宋「贛州鑄錢院」的一點補充》，載《中國文物報》二〇〇三年九月三日。

不欺。因此,「秤典」一職,關係銅鏡質量和市場銷路,非同小可。

最後是鑄錢院負責人「保義郎差監鑄錢院劉元」。保義郎是低級武階官,符合宋代鑄錢監(院)由軍職人員管理的規定。銘文顯示了由低至高、自工匠到管理者的多個層次,有利於認識贛州鑄錢院生產組織結構。

目前所知贛州鑄錢院鑄造的銅鏡,雖只兩面,卻是形制相同而大小有別,表示了重量與價格的差異。

此外,所知的還有一面「章貢馮少五郎工夫」銘記鏡,該鏡有海水龍紋,卻無鑄錢院的銘識,只是民間私鑄產品。「章貢」是贛州的別名。

淳熙二年(1175),贛州鑄錢司合併於饒州,贛州鑄錢院在名義上還存在。二十年之後的慶元元年(1195)十二月三日,右正言兼侍講劉德秀奏:「建寧之豐國監、贛之鑄錢院舊各置監官一員,後緣銅料不繼,罷去鼓鑄,而監官至今猶存……乞廢罷前兩監官,少寬州縣冗食之患。」[49]於是罷去監官。贛州鑄錢院再次撤銷。此後,再沒有關於贛州鑄錢院的蹤影。從大觀二年(1108)延續至慶元元年(1195),共計八十七年。

3. 贛州鑄錢院在鑄錢生產中的地位

贛州鑄錢院在南宋受到重視。宋朝主管鑄錢的機構為提舉坑

49　《宋會要輯稿》,職官四三之一七八。《宋史・食貨志》所記與此相
　　同,只有個別文字差異。

冶鑄錢司，管事地域為東南九路。景祐元年（1034）專設都大提點坑冶鑄錢一員。神宗元豐二年（1079）增設虔州鑄錢司，提點也增置一員，分路提點，命錢昌武領淮南、兩浙、福建、江南東路，駐饒州司；李棻領荊湖、廣南、江南西路，駐虔州司。哲宗元祐元年（1086）虔州司併入饒州司。徽宗政和六年（1116），鑄錢司又分饒、虔兩司，不久，虔州司再併入饒州司。

紹興二年（1132），復置虔州提點司。紹興五年（1135），「以責任不專，職務廢弛」，將饒州司除留屬官一員外，並歸虔州司。又提點官加「都大」二字，但有人認為其事權太重，於是省去提舉司，鑄錢事由轉運司措置。二十九年（1159）閏六月辛未，中書舍人洪遵等人建議，參照北宋舊制，「依舊於饒、贛二

· 贛州通天岩南宋李大正題刻

州置司，輪年守任，專以措置坑冶，督責鼓鑄為職」。[50]此後，乾道初年，劉熻為贛州坑冶司主管文字。六年（1170年），並鑄錢司歸發運司。乾道八年（1172），饒州、贛州復各置提點官，李大正任贛州提點坑冶。今贛州市通天岩石壁上，仍能看到李大正的題記刻石，文曰：「建安李大正將命冶鑄。淳熙乙未春二月廿三日，奉親攜孥，來游通天岩。表弟括蒼吳昂同行。」

「將命」，是「奉命」的意思。李大正說自己奉朝廷之命，來負責（提點）鑄錢之事。淳熙乙未，即二年（1175年），他已在任三年。也就是在這年，朝廷下令將贛州提點司並歸饒州。李大正成為贛州提舉司最後一位長官。（上節所引慶元元年劉德秀奏稱「罷去鼓鑄，而監官至今猶存」，所指的「監官」是鑄錢院的官，他們和掌茶、鹽、酒稅場務的官員一起統稱「監當官」。）

在贛州設提點坑冶鑄錢司，說明贛州在宋代錢幣鑄造業的地位不同一般。這種地位的獲得，是因其所處的地理位置，有轄控周邊廣大州縣的作用，就像江南西路兵馬都監設在這裡一樣，提點鑄錢司坐鎮贛州，具有掌控嶺南、荊湖等地坑冶鑄錢的效能。至於贛州鑄錢院，與其他鑄錢監比較，沒有資料能證明它具有主導地位。

從北宋神宗元豐初年設提舉司開始，至南宋孝宗淳熙二年（1175）併入饒州永平監，將近百年之間，贛州鑄錢院是江南的

50　李心傳：《建炎以來系年要錄》，卷一八二。

另一個重要的鑄錢基地。

四　民間私鑄活動的起伏

南宋財經形勢不景氣，官府所鑄銅錢質量下降，刺激了民間私鑄流行，劣質錢氾濫於市。紹興三年（1133），詔韶州「自今所鑄新錢毋得滅裂，務令民間不能倣傚。近歲韶州所鑄新錢不勝磨錯，湖東人號為韶錢，又仿之私鑄，夾以沙土，謂之沙錢，每千才值二三百。及馬友逐曹成，收其軍中沙錢甚眾，行於潭州諸縣，民甚以為苦」。[51]所謂「毋得滅裂」，是指不能粗糙低劣；而「不勝磨錯」，是指表面加工量大，不易使之光滑。這條禁令透露的信息是，韶州錢監鑄出的「滅裂」新錢，成了鑄錢夾雜沙土的榜樣，而這種「不勝磨錯」的韶錢，廣為流傳，在長江沿岸劫掠的流寇曹成軍中，也有很多，可見情況嚴重。

江西地區是官府鑄錢的基本重地，既有鑄錢的各種金屬原料，又有大量熟悉鑄錢技術的工匠，因而民間冶鑄業興盛，私鑄銅錢的事情經常出現。紹興五年（1135）冬，因戶部侍郎王俁的奏請，下令徵收民間銅器用以鑄錢，禁止私鑄銅器，犯者徒二年。然而收效不顯，江西地區的私鑄仍然盛行，竟至朝廷專門議

51　《系年要錄》，卷五二。「滅裂」的本義，是草率，粗略。《莊子・則陽》：「君為政焉勿鹵莽，治民焉勿滅裂。」此處用於「所鑄新錢毋得滅裂」，當是引申為粗糙，質量低。對應下文說「所鑄新錢不勝磨錯」，宜理解為「磨錯」加工不勝其煩。鑄錢工序有三：沙模作，磨錢作，排整作。若說成「禁不起」磨和錯，則此錢極端鬆脆，鑄錢監就難以進入下一個「排整」工序，更不可能進入流通領域使用。

論此事，紹興十三年（1143）「宰執奏江西私鑄錢事，上曰：卿等見錢樣否？此更不成錢，皆銷錢而私自鑄者，當嚴禁止，公私皆不得用，不然，盜錢愈多，尤費力也」。銷毀好銅錢，改鑄量輕質差不成樣子的新錢，可以獲利，故禁而不止。紹興二十八年（1158）九月戊寅，右迪功郎李耆（袁州人）上奏：「江西州縣多用私錢。舊錢百，重十一兩；新錢百，重五兩有奇。若毀舊錢千，以鉛、錫雜之，則可鑄二千五百。是以贛、吉等州比屋私鑄。一路且以萬戶言之，戶日銷千錢，是日毀萬緡也。民既銷錢而盜鑄，官又仰民毀錢而更鑄」。[52]私鑄氾濫，皆由官錢輕薄，又有厚利可圖，所以屢禁不止。新錢不及舊錢一半的重量，這是大貶值，最終被害的是平民百姓。吉水人李景春向高宗上書說：今日泉貨為弊滋甚，江浙乏於流通，民間多於私鑄，陛下雖重私鑄之法，至有徒配絞死之嚴而不畏者，非不畏也，飢寒以迫之也。

孝宗乾道八年，「以新鑄錢毀雜」，「責降」了大批官員。正是在官錢「毀雜」的背景下，一種私鑄的「沙毛錢」跟著出現。乾道九年（1173），「大江之西及湖廣間多毀錢，夾以沙泥重鑄，號沙毛錢，詔嚴禁之」。大江之西就是指江西地區，禁令未能生效，沙毛錢繼續流行。淳熙九年（1182），臣僚上奏：「臣近從江西一路切見人間多是沙毛。蓋緣遊民無賴之徒，群聚山谷，銷毀崇寧大錢之一，模鑄沙毛二十。毛錢脆薄，易於破壞，十數年

來，此錢甚行，多是金銀鋪戶及諸色庫戶以現錢六百換易沙毛一貫，私相貿易，動以千萬緡計」。[53]猖獗的私鑄，和「金銀鋪戶及諸色庫戶」緊密連在一起，不僅是「遊民無賴之徒」的違禁行為，也是富裕階層謀取暴利的一條途徑。這次又下詔江西諸州軍不得用沙毛錢，但是仍然有人鑄造使用，而且流入了湖南。

理宗時期，湖南奸民王元吉，勾結豪民楊子高，讓兒子往來江右，商販謀利，總是剪錢取銅，以官錢變易成沙毛錢，夾雜行用，以求厚利，遂使私鑄沙毛錢大量流入湖湘。湖南提刑宋自牧的判詞是：「銅於法禁最重，公然剪鑿私鑄，搬販沙毛，莫敢誰何，遂使江西三角破錢，盡入湖南一路界內。」[54]這是江西、湖南兩地的奸猾豪強串通作弊，私鑄劣質「沙毛錢」的一個案例。

劣質沙毛錢都是夾雜在好錢之中使用，如臨川村民張天祐一次敬神，「置百錢而退，（收錢者）呼回之，曰：『中有沙毛錢五，請易之』」。虔誠的敬神者手中，也有沙毛錢被清檢出來，可見沙毛錢之多和民眾對它的厭棄。

私自銷毀銅錢製造銅器，稱為私銷。由於銅坑多廢，銅的供應緊張，銷銅錢鑄銅器獲利更厚，以致民間銅器盡以錢為之，所在公然冶鑄交易，大概銷毀一錢可獲利十倍。朝廷對銷錢鑄器實施嚴禁，收效並不理想。淳熙三年（1176）十二月詔令依舊說：

53　《群書考索》後集，卷六十。

54　《名公書判清明集》，卷十二，《結托州縣蓄養疲吏配軍奪人之產罪惡貫盈》。

「訪聞日來州縣城郭鄉村，依舊鑄造鍮石銅器等貨賣」。[55]二十年後，慶元二年（1196）又下令：「禁銷錢為銅器，買者科違制之罪，仍以隱匿論。其爐戶決配海外，永不放回，仍許告捕」[56]。在法律條文中還有規定，「剪鑿錢取銅，及賣買興販之者，十斤配五百里」。累次的嚴刑峻法沒有能制止住私銷活動。戶部侍郎李彌遜上奏說：熔銷一百文銅錢，可變造器物十副，賣得一貫錢，獲利至厚，在浙東、浙西、福建的一些州縣，以及「江東路建康府句容縣、信州」，「江西路虔、吉州、豐城縣、臨江軍、新淦縣等處，鑄造銅器尤盛，銷毀現錢，不可勝計」。[57]這是高宗紹興年間的情況，在江西地區從信州（上饒）開始，中經豐城、臨江（清江）、新淦，再至吉州、虔州（贛州），即是沿信江向西至南昌，轉入贛江直下贛南，沿途的州縣幾乎都在「災區」之內了。此種銷錢鑄器的形勢，持續盛行不衰。

寧宗嘉定初期（1208 年以後），江州知州袁燮上奏《便民疏》，指出銷錢為器，「獲利十倍，所在公行。句容、天台、四明、池陽、臨川之所鑄者以輕巧名，人皆貴之。此錢之所以銷也」。[58]理宗淳祐八年（1248），監察御史陳求魯又奏言銅錢洩漏海外與銷熔鑄器之害，其中說：「京城之銷金，衢、信之鍮器，醴、泉之樂具，皆出於錢，臨川、隆興、桂林之銅工，尤多於諸

55　《宋會要輯稿》，食貨三四之三二。
56　《朝野雜記》，甲集卷一六，《鑄錢諸監》細文。
57　李彌遜：《筠溪集》，卷三，《戶部乞禁銅器札子》。
58　袁燮：《便民五事疏》，《歷代名臣奏議》卷二七二。

郡」[59]。他再次建議對犯禁者繩之以法，使其知畏。十二年（1252），申嚴鉟銷之禁，以及偽造之法。度宗咸淳元年（1265），復申嚴鉟銷、漏洩之禁。史實證明，私鑄與私銷氾濫，是南宋一代始終存在的社會痼疾。

屢禁不止的私鑄，是社會矛盾的一種反映，當幣制混亂，官府濫造薄惡小錢，或鑄大錢而貶值來盤剝百姓的時候，私鑄便成為民眾進行抗爭的手段，在特定的條件下有著一定的積極意義。但私鑄對貨幣市場的擾亂，尤其是肆意鑄造夾雜泥沙的爛錢，如「沙毛錢」之類，使官民俱受其害，只有那些私鑄者獨享厚利。銷錢鑄器，有造成銅錢短缺的一面，也有銅資源分配利用的問題。江西銅礦業、鑄錢業興旺發達，有大批冶鑄銅器的能工巧匠，故此不僅私鑄、私銷長期盛行，而且能鑄造出精巧的銅器，在冶鑄技術上有所成就。

五　錢牌與銀鋌的鑄造

錢牌，又稱牌銙、鑞牌，有銅質、鉛質之分，是南宋地方錢幣的一種，為權宜之舉，非常法。南宋日趨嚴重的錢荒，使一些大中城市禁止銅錢出城。大面額會子投入市場，不便找零；而銅錢又進出減少，缺乏流通，於是，臨安府發行了限於城內使用的代用幣——「准貳佰文省」、「准參佰文省」、「准伍佰文省」的銅質錢牌，以及鉛質的「准壹拾文省」、「准貳拾文省」、「准肆

59　《宋史》，卷一八〇，《食貨志・錢幣》。

拾文省」、「准壹佰文省」錢牌。長江中游的大碼頭江州，因其繁忙的航運貿易需求，也發行過江州錢牌。一九九三年四月，九江市五交化公司「大中大商廈」基址（老城區八角石地段）出土十枚南宋江州錢牌，當時只保存下一枚。該枚錢牌長五點八釐米，寬二點四釐米，厚〇點二釐米。上圓下方，呈長方形。正面鑄陽文銘文：「准拾捌界壹百‧江州行使」十字；背面上部鑄「使」字，下部有一個形似「片」字的圖案符號；「使」字右下方有模壓陰文「□（權）宜便民」四字。錢牌頂部有一穿孔。錢牌為鉛質。[60]

南宋會子發行於紹興三十年（1160），以一貫為一會。隆興元年（1163）造二百、三百、五百文會，並置江州會子務。乾道四年（1168）規定三年為一界，隨界造新換舊。後來突破此規定。第十八界會子始於端平三年（1236），停於咸淳三年（1267）。度宗咸淳元年（1265）七月壬戌，「督州縣嚴錢法，禁民間牌、帖」。臨安府錢牌鑄行於理宗景定（1260-1264）前後，江州錢牌亦只能在端平三年至咸淳元年（1236-1265）之間發行。江州錢牌銘文「准拾捌界壹百‧江州行使」，說明一枚可以折換第十八界會子一百文，在江州地方行用，是一種地區性的「權鈔錢」。「權宜便民」四字，說明它的臨時性。

作為錢幣中的重要輔助幣，還有銀鋌。銀鋌以其高額幣值受

60　汪建策：《江西九江出土南宋江州鉛錢牌》，《中國錢幣》一九九六年，第一期。

到民間珍重。一九六九年秋信豐縣虎山鄉玉帶橋下水中出土一件銀鋌，一九九〇年八月收藏於贛州市博物館，該鋌砝碼形，背面略收縮，遍布氣孔，表面略凹，全長八點八釐米、兩端最寬五點七釐米、束腰寬三點五釐米、厚一點三釐米；背部全長八點三釐米、兩端最寬五點二釐米、束腰寬三釐米，重四四三點四〇克。經贛州地區人民銀行鑑定，成色在百分之九十五以上。無鑿印碰撞痕。表面有「真花鋌銀」、「劉一郎」、「壹拾貳兩半」銘記，均為宋體字，排列緊湊，清晰悅目。

與湖北黃石市西塞山出土二九二件宋代銀鋌上的銘文對照，「劉一郎」是鑄造銀鋌兼行銷的人，宋代謂之「行人」。胡三省《通鑑釋文辨誤》卷十一曰：「今人冶銀，大鋌五十兩，中鋌半之，小鋌又半之，世謂之鋌銀」。信豐縣玉帶橋銀鋌重「壹拾貳兩半」，是銀鋌中的小鋌，屬於宋代民間流通的銀鋌。

修水縣、廣昌縣也發現有宋代銀鋌。

六　銅錢外洩與江州會子務的設置

南宋社會市場商業比較活躍，對貨幣需求量比較大，而銅錢一方面鑄造衰退，另一方面又大量外洩，致使供應量不足，出現貨幣供不應求的緊張形勢。從社會使用角度考慮，人們需求攜帶方便，避免長途運輸銅錢的困難，同時需要彌補銅錢數量短缺，於是在北宋交子的基礎上，生發出了見錢關子、會子等具有貨幣功能的信用票據。

1.銅錢外洩

北宋大量鑄造的銅錢，本可持續使用下來，南宋不應出現銅

錢短缺的錢荒。但是，由於「邊關重車而出，海舶飽載而回」，大量流出境外；本朝民眾又銷錢鑄器，以及儲藏不用等原因，致使人們感到銅錢不足。尤其是銅錢外洩，一直是朝野關注的大事。人們認為，富豪大家貯藏，猶可能發洩出來；鑄成銅器，既能禁止，亦可銷器鑄錢；唯有「一入海舟，往而不返」，故錢不憂其鑄之少，而憂漏洩之多，亟須嚴禁。江西作為銅錢鑄造首要基地，轉化銅鐵鉛等金屬原料的大戶，銅錢外洩嚴重是貴重資源的絕對損耗，對江西冶鑄業的發展極為不利。

從北宋建隆三年（962）開始，不斷頒布禁止銅錢流出的法令，然而屢禁不止，乃至日益增多。南宋紹興二十八年（1258）九月，朝廷又一次頒行「銅錢出界罪賞」，規定：

諸以銅錢與蕃商博易者，徒二年，千里編管；二貫流二千里；二十貫配廣南，出中國界者，遞加一等；三千貫配遠惡州。[61]

這次的禁令只將「以銅錢與蕃商博易者」處罰，沒有對攜銅錢出境者作出懲罰規定。到了南宋中期，就有更明細的禁條，把「將銅錢入海船」、「以銅錢出中國界」、「以銅錢與蕃商博易」分別處理。寧宗初期頒布的《慶元條法事類》規定：

諸將銅錢入海船者，杖八十；一貫杖一百；三貫杖一百，編管五百里；五貫徒一年，從者杖一百；七貫徒二年，從者徒一年；十貫流二千里，從者徒三年。知情、引領、停藏、負載人依從者法。

諸以銅錢出中國界者徒三年……五貫絞，從者配遠惡州……

諸以銅錢與蕃商博易者，徒二年……十貫配遠惡州，從者配廣南……[62]

分三類情況懲罰銅錢出界，是管理相對嚴密的反映。其中死罪只有一項，即以銅錢五貫「出中國（指南宋）界者」判絞刑。三類之中，「將銅錢入海船」、「以銅錢與蕃商博易」都是針對東南沿海地面；「以銅錢出中國界」顯然是就北邊金朝而言，這樣區別對待，該是南宋朝廷對海上貿易、銅錢外流問題更為注重。禁令俱在，但徒具虛文，未能制止銅錢大量流向海外。南宋中後期的實際情況是，不僅流往倭國（日本），而且流往東南亞等地。廣東轉運判官包恢的奏報中，詳盡地敘述了沿海漏洩銅錢的情節。他說：

蓋倭船自離其國，渡海而來，或未到慶元之前，預先過溫、台之境擺泊，海涯富豪之民，公然與之交易。倭所酷好者銅錢而止，海上民戶所貪嗜者，倭船多有珍奇，凡值一百貫文者，止可

62　《慶元條法事類》，卷二九，《禁榷》。

十貫文得之；凡值千貫文者，止可百貫文得之。似此之類，奸民安得而不樂與之為市。及倭船離四明之後，又或未即歸其本國博易，尚有餘貨，又復迴旋於溫、台之境，低價賤賣，交易如故……不知前後輾轉漏洩幾多，不可以數計矣。

海外東南諸番國，無一國不貪好，而凡系抽解之司，無一處不漏洩。慶元之外，若福建泉州，與廣東廣州之市舶，兩處無以異於慶元，而又或過之。蓋諸番國各以其國貨來博易抽解，並是漏洩一色現錢而歸，尤不可以計其數矣。

販海之商，無非豪富之民，江淮閩浙處處有之……以高大深廣之船，一船可載數萬貫文而去。……海上人戶之中下者，雖不能大有所洩，而亦有帶洩之患……所謂帶洩者乃以錢附搭其船，轉相結托以買番貨而歸，少或十貫，多或百貫……又有一等每伺番舶之來，如泉、廣等處，則所帶者多銀，乃競齎現錢買銀，凡一兩止一貫文以上得之，可出息兩貫文，此乃沿海浙東、福建、廣東海岸之民，無一家一人不洩者。

屯駐水軍去處，每月多是現錢支給，此錢一出，固是不可復入，散在外州可也，今乃未嘗到寨，軍兵未嘗得使，自本州支出，則城下大舟徑載入番國矣，此亦以為常而恬不知怪也。廣東水軍尤純支現錢，漏洩尤甚焉……自有水軍以來，不啻當以千萬億兆矣。此又漏洩之最大者也。[63]

63　包恢：《敝帚稿略》，卷一，《禁銅錢申省狀》。

銅錢漏洩與海外貿易連在一起，北自慶元（今浙江寧波），中經泉州，南至廣州，沿海一帶數千里都是洩漏之地。銅錢流向原有倭國，後又有東南諸番國。「漏洩」者不僅是沿海商賈、富民，更有水軍。漏洩的數量驚人，「一船可載數萬貫文而去」，僅是水軍的漏洩「不啻當以千萬億兆」。在這種大範圍、大規模的銅錢漏洩中，透露著海上貿易的活躍。有這種旺盛的海外貿易交流，對國家、對沿海地區應是必須的，關鍵是改善管理，興利除弊。據包恢說，口岸上的檢查官虛應故事，只圖貪賄，「官吏不廉不公，例有所受，而不從實檢放」，故而「漏洩」不止，於貿易無益。

包恢說到倭國的貨物，倭船裝載的不過板木、螺頭、硫黃等物，東南諸番國僅說白銀，沒有舉出香料等貨物，也許他不是著眼海外貿易所致。這裡論及的「海商漏洩」事項，涉及商民和水軍，而水軍連著官府，這麼嚴重的社會問題，官府沒有解決的對策，正如包恢所說：「舉世但慮官楮之折兌，而錢皆置之不問」。官府關注的是楮幣——會子的發行和使用，銅錢則在禁令旁邊公然大量流出。

2. 會子與江州會子務

關子又稱見錢關子，「見」同「現」，即現錢關子。「關子」、「會子」和「交子」的語意相同，都有「交換」、「會合」、「對照」的意思，是當時人對匯票、證券之類的稱謂。會子的出現和使用，體現了南宋社會經濟生活的特色，是關係重大的全局性事項，而江州會子務的設立，則是其中不可忽視的舉措。

關子一詞，先是用來稱呼憑據性的文書，後來用作異地兌取

現錢的票據，北宋晚期即有「兌便關子」。南宋紹興元年（1130）十月，婺州（今浙江金華）駐紮大軍，需要大量的錢支用，但杭州至婺州不通水路，銅錢難以搬運，於是戶部印製「見錢關子」給婺州，招商人購買，每千錢加十錢為優惠。商人執見錢關子往杭州、越州榷貨務兌取現錢；願意要茶鹽香貨鈔引的也可。[64]這種見錢關子也叫做銅錢關子，初時是用來解決現錢運輸困難問題，屬匯票性質。因榷貨務準備金不足，不能全部兌現，每天只兌三分之一，商人利益受到損失，不願意購買行用。州縣又用關子充當糴買糧食的本錢，不免出現抑配行為，因而民眾嗟怨。

紹興三十年（1160）八月，官員奏報說：「昨降一合銅錢關子三十萬緡，賣錢樁管，今已逾歲，所賣僅二萬緡，乞支末茶長短引稅易」。現錢關子一旦失去兌換性，就是廢紙，故賣不出去，不得不以茶引調換。然而州縣仍舊用關子和糴，等於騙取糧食。乾道三年（1167）閏七月，敷文閣直學士劉珙言：「和糴之弊，湖南、江西為尤甚。……州縣既乏緡錢，將何置場收糴？民間關引無用則與『白著』一同。」[65]現錢關子被自身的信用危機拋棄之時，會子面世了。

64　《系年要錄》，卷四八，紹興元年十月壬午。

65　《宋會要輯稿》，食貨四十之四六。「白著」，無理由的徵取掠奪的意思。是沿用唐朝人的用語，安史之亂以後，肅宗時的租庸使元載，以為江淮之民比其他地方有資產，乃揚言徵取前八年以來的欠租和逃稅，實際則是「不問負之有無，資之高下，察民有粟帛者，發徒圍之，籍其所有而中分之，甚者十取八九，謂之白著。」（《資治通鑑》卷二二二。）

會子最早出現在北宋熙寧年間，那時「會子」是更具有信用的參照物。必須先交納現錢，才能得到會子，故而這種會子是雙方信任的匯票。徽宗時期，京城還有一種作為取錢憑證的錢會子，而且人們還將錢會子帶出城外行用。朝廷認為這有害鈔法，予以禁止，但因寄附錢物而攜帶或行用錢會子，給商貿活動提供了方便，故禁而不止。紹興五年（1135）九月乙酉詔令臨安府：「在城寄附充（兌）便錢會子，毋得出門，仍依在京小平錢法，立定刑名，用守臣梁汝嘉請也。都人不以為便，翌日即罷之。」[66] 這種以錢物寄存為條件的「兌便錢會子」，雖然仍是一種取錢憑證，但是方便攜帶和交易，所以禁不得。看來兌便錢會子的流通職能已經很強，社會需要這種有錢物保證的流通交易手段，於是擴散開來。不僅臨安城內有，豪民憑藉自己的財力發行便錢會子，而且其他州縣也有，一些偏僻的地方也因山區閉塞，自發地行用會子。

江西撫州行用會子，在北宋後期。「鹽場在州東南，元祐間（1086-1094），出會子與民間請鹽，以折和買，崇寧中（1102-1106）廢」。徽州婺源，因為多山，交通困難，銅錢難帶，民眾也使用會子。洪適說：「婺源到州二百里，有五嶺之限……自有郡以來，不可漕運……小郡在山谷之間，無積鏹之家，富商大賈足跡不到，貨泉之流通於廛肆者甚少，民間皆是出會子往來兌

66 《系年要錄》，卷九三。

使。」[67]民間使用便錢會子的現實，促使南宋政府發行會子，以利流通。

　　紹興末年，政府仿照民間已有的做法，正式發行會子。紹興三十年（1160）十二月乙巳，「初，命臨安府印造會子，許於城內與銅錢並行。至是，權戶部侍郎兼知府事錢端禮，乞令左藏庫應支現錢，並以會子品搭應付」。[68]會子由民辦變成官辦，在紹興三十年的下半年開始，臨安知府錢端禮是直接當事人，當時只在臨安府城內外行用，到了十二月，以左藏庫現金的支持，全面推廣開去。所用紙張由「徽州創樣撩造紙五十萬」，邊幅皆不剪裁。在市肆要鬧處置五場，齎現錢收換，「每一千別輸錢十，以為吏卒用」。凡上供、軍需，並同現錢，朝廷官員俸祿也分搭一部分。從一定角度上說，這是奪商賈之利歸於官。

　　發行會子的專門機構稱會子務，紹興三十一年二月確定會子務隸屬於臨安榷貨務都茶場。都茶場每年準備一千萬貫茶引、鹽引、香礬引給商人算請，兌換會子，減輕了兌換現錢的壓力，馬端臨評議說，會子的發行「不獨恃現錢以為本，又非全仰會子以佐國用也」。[69]由於不恃現錢以為本金，導致發行不重視數額；由於非全仰會子以佐國用，故而對會子發行中的問題解決不力。

　　官府嚴禁偽造會子，陸續頒布了一些使用制度。印刷會子的

67　洪适：《盤洲文集》，拾遺，《戶部乞免發見錢札子》。上海涵芬樓影印宋刊本。

68　《系年要錄》，卷一八七。

69　《文獻通考》，卷九，錢幣二・會子。

紙在徽州、池州製造,後來也在成都、臨安製造。會子通行各地,除亭戶鹽本用銅錢,其他各種出納均可用會子;不通水路的州縣,上供等錢允許盡輸會子;沿流州軍,銅錢、會子各半;民間典賣田宅、馬牛、舟車等,可以錢、會各半,也可全用會子。三年為一界,每界定額一千萬貫,隨界造新換舊。每道收靡費錢二十足;破損舊會,若貫百字存、印文清楚可驗,即可兌換。

江州會子務的設置,是在孝宗繼位之後,隆興元年(1163)對發行會子加以整頓,詔令會子加蓋官印,印文為「隆興尚書戶部官印會子之印」;會子面額為五百文,二百文、三百文;同時設置江州會子務。江州會子務與臨安會子務的關係如何?未見文字規定。推測起來,該是由兩方面的因素所致,首先,江州處於長江中下游之交,而三大總領所的軍費開支巨大[70],常年有高額的會子流通,需要在這個適中的航運大碼頭,設置機構進行管理。其次,江州控扼鄱陽湖——贛江航線,每年大量的銅錢、稻米等百貨從這裡輸出,是朝廷掌握江西地區財富的樞紐點,需要通過這個會子務,有效地把握頻繁的銀錢與會子的兌換交流。

會子的行用,緩解了銅錢鑄造量很少的困境,公私都感到方便。隨著會子的廣泛使用,發行數量越來越多,而準備的銀錢不多,沒有及時而足額收兌,很快出現發行量與貶值的惡性循環。洪邁說:

70　《朝野雜記》,甲集卷十七,《淮東西湖廣總領所》:淮西、淮東每年各錢七百萬緡,米七十萬石;乾道中,淮西歲費錢增為一一〇〇餘萬緡。湖廣總領所歲費九六〇萬緡,米九十萬石。

官會子之作，始於紹興三十年……（官）鏹現錢收換……公私便之。既而印造益多，而實錢浸少，至於十而損一，未及十年，不勝其弊。壽皇（指孝宗）念其弗便，出內庫銀二百萬兩售於市，以錢易楮焚棄之，僅解一時之急，時乾道三年（1167）也。淳熙十二年（1185），邁自婺召還，見臨安人揭小帖，以七百五十錢兌一楮……且偽造者所在有之。及其敗獲，又未嘗正治其誅，故行用愈輕。迨慶元乙卯（1195），多換六百二十，朝廷以為憂，詔江、浙諸道必以七百七十錢買楮幣一道。此意固善，而不深思，用錢易紙，非有微利，誰肯為之？」[71]

孝宗拿出內庫銀收兌會子焚毀，足見會子氾濫已極，但只一時激動，未有長遠救弊措施。其次，會子行用中產生的弊端，最突出的是貶值，從七十五兌一百，跌至六十二兌一百。命令各地以七十七兌一百，是要維持銅錢使用中「省陌」行情。省陌制，是北宋承唐末之弊，公私出納通用折扣計算。洪邁曾說：「太平興國二年（977），始詔民間緡錢，定以七十七為百。自是以來，天下承用，公私出納皆然，故名『省錢』。」[72]會子兌換仿效銅錢使用慣例，則是難以通行，因為會子本身無價值。

會子在南宋後期的問題主要是兩方面，首先是突破三年一界

71　洪邁：《容齋隨筆·三筆》，卷十四，《官會折閱》。所記孝宗收兌會子之事，在時間、數量上，可以校正《宋史》食貨志的記載：「乾道二年（1166），以會子之弊，出內庫及南庫銀一百萬收之」。

72　洪邁：《容齋隨筆·三筆》，卷四，《省錢百陌》。

的規矩，其次是無限制的濫印，收兌很少，貶值厲害。後來的會子紙質很差，印刷不精，偽造的增多，遂致氾濫成災。

第三節 ▶ 刻書業的普遍興盛

一　紙墨硯的生產

遍布各地的造紙作坊，生產出眾多的紙品，為刻書業的興起和發達準備了充足的材料。讀書與科舉的風行，反過來給造紙業的發展以極大的推動。讀書、刻書、造紙三者緊密相連，相互為用，共同營造出一個產業領域。造紙業在前代的基礎上繼續發展，吉州、撫州、信州、贛州等地有較多的造紙作坊，已知的著名紙品有南康軍布水紙、吉州竹紙、撫州茶山紙、牛舌紙、清江紙。清江紙出產於金溪縣清江渡，周必大隆興元年（1163）夏由臨安歸廬陵，路經金溪，「過清江渡，甚狹，而水可造紙」[73]。刻書業與造紙生產相適應，普遍發展起來。

造紙所用原料，因地制宜，江西主要有藤皮、毛竹、楮樹等，都是山林中富有之物。造紙作坊在山區農村，溪流水量充沛，水質優良，竹木生長茂盛，烘乾紙胚所需的木炭就地燒製，舂碎紙料的水碓在山間溪流上安裝。總之，所需原材料都從本地得到，不依賴外地供應，省卻運輸成本。春夏季節砍下未發枝葉

73　周必大：《文忠集》，卷一六五，《歸廬陵日記》。

的嫩竹，加石灰漚爛成絲，置於水碓中舂碎成漿，中間幾次漂洗、蒸煮。這樣幾個月加工之後，到了冬季，天乾少雨，不發山洪，山澗泉水已是純淨清冽，不含泥沙，抄出的紙張必定是潔白光亮，所以有「敲冰紙」、「冰紙」的說法。豐城黃彥平描寫農民冬春季節的生產事項說：「緯竹梁溪面，誅茅舍道旁。臘收冰下紙，春課社前姜……」[74]寒冬臘月，山區冰凍，用簾子在漿水槽中抄紙，寒冷刺骨，而在烘紙的焙房中，則是溫暖如夏。

宋人廣泛使用紙張，書寫印刷之外，還製作紙被、紙盔甲、紙傘等。黃彥平說的「御暑烏油傘」，即是在竹製的傘骨上粘以綿紙，再塗桐油製作而成。

洪州管轄的分寧（今修水、銅鼓）、武寧、奉新三縣，造紙生產很旺盛，各有造紙戶二百餘，他們承擔的上貢紙張每年定額為八十五萬張。建炎、紹興年間，接連遭受潰兵流寇「放火殺擄，人民被害深重」，江西安撫大使兼知洪州趙鼎奏請免除上貢紙張。他還說：「洪州年額，合發紹興三年上供紙八十五萬張，內一半本色，一半折發價錢，依年例下分寧、武寧、奉新三縣收買解州裝發。據逐縣申：自建炎四年以前，各有窯戶二百餘名抄造」。[75]

讀書寫字，刻書印刷，也帶動了筆、墨、硯的製作生產。「臨川筆」傳聞已久，但文字記載尚未見到。墨的著名產地有盧

74　黃彥平：《三余集》，卷二，《田家春日二首》之一。
75　趙鼎：《忠正德文集》，卷二，《乞免上供紙》。

陵、婺源。吉州廬陵著名的製墨師傅先後有潘衡、張明，楊萬里介紹他們的技藝源流和所製墨品的特色說：「廬陵舊墨說潘衡，廬陵新墨說張生。潘家衣缽嗣蘇子，張家苗裔出易水。易水松花煙一螺，漲起倒流三峽波。人言天下無白黑，那知真有玄尚白。磨光漆幾奪眼睛，試點一點傾人城」[76]。所謂「張家苗裔出易水」，指其製墨技藝傳承了婺源李廷珪製墨的經驗要訣。

婺源李廷珪墨，久享盛名。據載，唐末已經有燕人李廷珪來婺源，發現當地多優質松樹，遂定居製墨而出名。他本姓奚，南唐時其墨進貢朝廷，因賜姓李。北宋仁宗嘗以新安香墨賜近臣，有李廷珪所制雙脊龍樣墨，尤為佳品。至徽宗宣和年間，黃金可得而李墨已不可得。南宋以後，著名的製墨師傅有戴彥衡、吳滋，他們在黃崗山精心製作。弘治《徽州府志》載，紹興八年（1138），戴彥衡所制墨品，被推薦供朝廷使用。

婺源龍尾硯，北宋時期士大夫競相誇讚，歐陽修說此硯出婺源縣的龍尾溪，以深水之中的硯石為上品，堅而發墨，以有金星點者尤貴重。南宋時，安徽績溪人胡仔認為：新安龍尾石性皆潤澤，色俱蒼黑，縝密可以敵玉，滑膩而能起墨，以之為硯，故世所珍石雖多，唯羅紋、眉子、刷絲三者最佳。該硯的一個優點是，每次寫字用墨訖，以水滌硯，餘墨泮然盡去，不復留漬於其間，僅此足以勝過端溪之硯[77]。

---

76 楊萬里：《誠齋集》，卷三十，《贈墨工張公明》。
77 祝穆：《古今事文類聚》，別集卷十四，《跋婺源硯譜》、《歙石有數

二　刻板印書普遍興盛

　　江西境內十三州軍幾乎都有刻書記錄。乾道二年（1166），王明清寫《揮麈錄》，其中介紹刻書盛況說：「承平時士大夫家，如南都戚氏、歷陽沈氏、廬山李氏、九江陳氏、鄱陽吳氏，具有藏書之名，今皆散逸。近年所至郡府多刊文籍，且易得本傳錄，仕宦稍顯者，家必有書數千卷，然多失於讎校」。[78]王氏這裡所點的五家藏書大戶，顯然是北宋的實情，其中三家在江西，他們的藏書在北宋末年以來的戰禍中都「散逸」了。南宋穩定之後，刻書重興，藏書者亦多，「仕宦稍顯者，家必有書數千卷」，促成藏書衰而復盛的重要原因，是「所至郡府多刊文籍」。大多數州軍都在刊印書籍，缺書讀的困難跟著減少。崇仁吳澄寫道：「宋三百年間鋟板成市，板本布滿乎天下，而中秘所儲，莫不家藏而人有。不唯是也，凡世所未嘗有，與所不必有，亦且日新月光，書彌多而彌易學者，生於今之時何其幸也。無漢以前耳受之艱，無唐以前手抄之勤，讀書者事半而功倍，宜矣。」[79]。證以江西版刻印刷的事實，吳澄的評議是符合實際的。

　　版刻印刷業之旺盛，源於有許多技藝精熟的刻字匠師，他們

種》。

78　王明清：《揮麈錄》，前錄，卷一。漆身起《江西歷代刻書》（江西人民出版社，1994年版）第一章《宋代江西刻書》著錄一八一種，幾乎全屬南宋刻印。其中官刻一五九種，內一二〇種由州軍縣刻出；書院刻八種，私刻十四種。所刻諸書主要是經史、文集，州縣地方誌有三十八種。

79　吳澄：《吳文正集》，卷三四，《贈鬻書人楊良甫序》。

名不見書史，賴有一些詩文作者感激他們的勞作，寫下描述其刻字技藝的詩篇，才得知一二。臨川羅師傅即其一，擅長詩詞的鄉先生艾性給「圖書工羅翁」寫的詩曰：

木天荒寒風雨黑，夜氣無人驗東壁。天球大玉生土花，虞歌魯頌誰能刻。翁持鐵筆不得用，小試印材蒸栗色。我今白首正逃名，運與黃楊俱受厄。藏鋒少俟時或至，精藝終為人愛惜。固不必附名黨錮碑，亦不必寄姓麻姑石。江湖詩板待翁來，傳與雞林讀書客。**80**

這位整年刻字的羅師傅，在寒風雨黑的夜晚，仍持刻刀——鐵筆，在栗木、黃楊木等優質木板上刻字，他刊刻過「虞歌魯頌」等古典作品，人們喜愛他精湛的刻字技藝，所以江湖詩人的作品都希望由他來刻板。在艾性心目中，由羅翁刻自己的詩，可以和列入「慶元黨案」之人，或刻名於麻姑山顏真卿文碑上同樣榮耀，亦能像白居易的詩那樣廣泛流傳至於國外。然而，羅翁的名分只是「圖書工」。

江西刻書業普遍發展的盛況，可以從目錄學著作中看出一個

80　艾性：《剩語》，捲上，《與圖書工羅翁》。「雞林」，即朝鮮半島古國之一的新羅。唐代龍朔三年（663），該國為雞林州都督府。元稹《白氏長慶集序》載，白居易的作品深受大家喜愛，廣為流傳，雞林國宰相出高價讓商人來購買。後以「雞林傳詠」、「雞林詩價」、「句滿雞林」、「價重雞林」等形容作品價值之高，流傳之廣；以「雞林賈」喻稱傳送作品的人。

大概。南宋中期浙江人陳振孫（1183-1262）《直齋書錄解題》對所藏五萬餘卷書，按經史子集四部，分為五十三類編次，各詳其卷帙多少，撰人姓名，並品評其得失，同時附記了一些刊印情節。從其有關刊印的文字中得知，他收藏的書籍中，有萍鄉刻本，廬陵刻本，南康（軍）刻本，章貢刻本，九江刻本，建昌（軍）刻本，江州刻本，臨川刻本，南安（軍）刻本，江西漕司刻本等十州軍的刻本，這也就是萍鄉等十個地方存在相當可觀的刻書行業的反映。

袁州的刻書業很值得注意。在《直齋書錄解題》問世之前，晁公武已寫出了《郡齋讀書志》，對四川轉運使井憲孟贈給的全部藏書「躬自讎校，疏其大略」。陳振孫《直齋書錄解題》，即是仿照《郡齋讀書志》體例而著。後來，井憲孟贈書逐漸散失，只有《郡齋讀書志》流傳下來。淳祐九年（1249），袁州知州黎安朝（鄱陽人）命袁州進士趙希弁，用自家藏書校讎《郡齋讀書志》，刪其重複，摭所未有，於原志四卷之後增寫附志一卷，於第二年在袁州重刻，此即後人所稱之袁本。同時流行社會的《郡齋讀書志》，還有姚鈞所刻的衢州本，二者有內容詳略和文字上的差異。對這兩個刻本的優劣，歷來多有評議。清代古籍鑑賞家、目錄學家張元濟，詳述了該書的版本源流之後認為袁州本優於衢州本：

袁本志分目，別存井書四卷之舊，附趙氏三世所藏，而不沒姚氏增收之實。撰錄傳刻，源流井井，非衢本所及。私竊以為袁

本出而衢本可廢矣。[81]

　　淳祐庚戌（1250）刻板印行的袁州本《郡齋讀書志》存世，今天仍能欣賞到這部珍貴的宋刻古籍。該本書名作《昭德先生郡齋讀書志》，內分讀書志、附志、後志、考異四部分。每頁十行，每行二十字。附志卷五末葉刻「書表司劉瑜等楷書，刊字匠黃應等刊板」十六字。全書字體劃一，楷書工整，刀法剛勁，美觀大方。論其讎校精核，編輯公允，內容全面，該志堪稱目錄學上乘之作；就其版本而言，亦是稀世瑰寶。其最末頁的附記，字雖少，而資料價值不低。由此可知，南宋州衙中設有「書表司」，專責抄寫、刊印等事務，地方長官撰著編輯的書，也在此中刻印。因此，上述的陳振孫收藏的萍鄉等十處刻本，也應是所在州軍的「書表司」刻印的，故而這些刻本書又可統稱為官刻本。在袁州書表司寫字的劉瑜等人，應是吏員；而黃應等人則是工匠，他們雖然博識文字，且有雕刻技藝，但身分卻低了一層。

　　有的書院也刻印了一批書籍。南昌東湖書院，嘉定年間刻印了《陸九淵文集》三十二卷。貴溪象山書院，於紹定四年（1231）刻印出袁燮《絜齋家塾書抄》十二卷。吉州白鷺洲書院，嘉定十七年（1224）刻印了漢班固撰、唐顏師古注《漢書集注》一百卷，書版上有「甲申歲刊於白鷺洲書院」銘記；還刊刻有劉宋范曄撰、唐李賢注《後漢書注》九十卷，晉司馬彪撰、梁

81　《昭德先生郡齋讀書志》，張元濟《跋》。

劉昭注《〈後漢書〉志注補》三十卷。吉州知州朱子淵,刻王庭珪詩於郡齋,楊萬里為序。

撫州也有較強的刻印生產能力。紹興年間,重刊了知州詹大和校訂的王安石《臨川集》[82]。

淳熙六年(1179),陸游出任江西提舉常平茶鹽公事,衙署設在撫州,第二年,他將自己收集的上百種醫藥方書,精選編輯為《陸氏續集驗方》,交江西倉司刻印[83]。嘉定間,撫州衙署刊印陸九齡《復齋先生文集》,正文前有知州高商老序。高商老,浙江括蒼人,師事陸九淵最篤。

撫州臨汝書院在淳祐九年(1249)刻印了《儀禮》。《儀禮》為禮的經典,《禮記》是對它的傳注,「自禮記列六經,而儀禮世反罕讀,遂成天下難見之書」。二三十年後,淳祐版已漫滅不全,咸淳九年(1273)再次重刻。這次重刻者六十五板,計字三四三八五,補刻者一六九板,計字二三五六七,遂再次成為全書。與此同時,撫州還刻印了《九經》。黃震說:「六經官板,舊唯江西撫州、興國軍稱善本」,紹興九年(1139)金人偷渡大江,興國的書板毀於兵火,獨撫州書板尚存。流傳至於南宋晚期,也漫滅已甚,咸淳七年(1271)用國子監本參校整理,新刊版一一二,計字五六○一八,因舊版重刻九六二,計字一一五七

82　黃彥平:《三余集》,卷四,《王介甫文集序》。
83　陸游:《渭南文集》,卷二七,《跋續集驗方》。提舉常平茶鹽公事司,
　　簡稱「倉司」。

五二，改正舊版錯訛七六九字，又舊板只有六經三傳，這次用國子監本添刊《論語》、《孟子》、《孝經》，以足九經之數，於咸淳九年（1273）初竣工[84]。

贛州州學，刻印了《李先之全集》。李先之北宋後期為贛州學教授，以人品學術受到諸生崇敬。在嘉定年間，知州洪伋在此刻印了洪邁的《容齋隨筆》，還準備刻印他的《夷堅志》。

饒州一帶是書院文化教育旺盛之地，刻板印書隨之發達起來。鄱陽有一批刻印工匠，洪邁在自己的「容齋」裡面，「以私錢雇工接續雕刻」《萬首唐人絕句》一百卷。從《郡齋讀書志》的一些條目中得知：《晦翁先生朱文公語後錄二十卷》、《韓愈集四十卷、集外文一卷》等是在饒州刻印的。據周必大所見，饒州董氏刻印了五代人潘祐的文集。朱熹平生講學不斷，語錄散在四方，門人彙集編刻多次。嘉熙二年（1238）李性傳在池州本基礎上新增內容，去其重複，正其訛舛，按歲月編輯，「刻之鄱陽學宮」。此後，黎靖德對已有的五個刻本再加整理，「遺者收之，誤者正之，考其同異，而削其（重）復者一千一百五十餘條」，於咸淳六年（1270）任建昌軍知軍的機會，「因輒刻之郡齋」。

吉州有很多熟練的刻板印刷匠師，形成很大的刻印生產能力，是江西境內的一個刻書行業中心。盧陵、安福、泰和等縣有不少能工巧匠，在官衙、州學的刻書機構之外，還有不少民間的刻書坊。文天祥故里文山有道體堂，是其里中名勝，而鄉人以為

84　黃震：《黃氏日抄》，卷九一，《修撫州六經跋》、《修撫州儀禮跋》。

・宋刊本《盤洲文集》書影

刊板之地，刻印了文天祥詩文集，稱作「道體堂刻本」。

　　上述事例證明，南宋江西的刻板印書行業普遍興旺，這既是
強勁的讀書與科舉之風所推動，反過來又促進了文化事業的提高
和相對普及。

三　周必大的私人刻印活動

　　大約從淳熙年間開始，周必大在家鄉雇募刻印工匠刻書，做
成了江西民間刻書業興旺發達的典型事例。首先是組織了大批校
讎刻印人力，大規模地刻印，獲得顯著成果。先後在書坊、在自
己的家塾中刻印出他自己的文集二百卷，歐陽修《六一居士集》
一五〇卷，甚至《文苑英華》一千卷的大部頭書也刻印了。還有
《玉蕊辯證》、《詛楚文》、《千金方》、《墨池閣記》等。哀集歐
陽修的文章，儘可能編刻出善本，是周必大刻印工作的重心。行
世的歐公年譜不一，以桐川薛齊誼、廬陵孫謙益、曾三異三家比
較詳明，然而周必大看出它們仍存在所收文章不全，次序先後難
免疑混的缺陷，於是，他「參稽眾譜，傍採史籍，而取正於公之

文」，於慶元二年（1196）重新編印。在編校刻印過程中，他不以丞相的資格加重吉州衙門負擔，紹熙四年(1193)七月，周必大對曾三畏說：「六一集方以俸金送劉氏兄弟，私下刻板，免得官中擾人」。[85]

其次，追求刻書質量，十分認真地在版本、校勘方面下工夫。在刻印《六一居士集》時，他盡力謀求善本，將單篇的多個印本找到，「力加整比，重為刊刻」。刻《集古錄》時，因有歐公原本在，後來「方崧卿哀聚真跡，刻板廬陵，得二百四十餘篇」，對照歐本頗有異同，周必大遂於逐篇註明來自哪本，「若異同不多，則以真跡為主，而以集本所改注其下。或繁簡遼絕，則兩存之」。慶元元年（1195），周必大致仕閒居，「難得可委督責匠者」，於是自己讎校。他告訴友人：「校書如拂塵，一重了又一重」，要求做到「逐一字皆經眼，每一篇必經手」[86]，不能只靠書坊匠師去做。知情人記載說：周必大以《文苑英華》及《六一居士集》訛舛太甚，「率同志者朱黃手校，如老書生，鋟板家塾，以惠學者」[87]。

周必大在編刻歐陽修全集後寫序曰：歐公文集自汴京、江、浙、閩、蜀皆有之，由於「別本尤多，後世傳錄既廣，又或以意輕改，殆至訛謬不可讀，廬陵所刊抑又甚焉」。久欲訂正，後於

---

85 周必大：《文忠集》，卷一八八，《曾無疑三畏》。原文「紹熙」作「紹興」，誤，逕改。

86 《文忠集》，卷一九四，《夔漕張季良演》、卷一八八《孫彥搗謙益》。

87 《文忠集》，附錄卷四，《神道碑》。

紹熙二年（1191）春至慶元二年（1196）夏，與郡人孫謙益、丁朝佐、曾三異三人「遍搜舊本，傍採先賢文集」，互加編校完成，計一五三卷，附錄五卷，「可繕寫模印」。因「首尾浩博，隨得隨刻，歲月差互，標註牴牾所不能免，其視舊本則有間矣」。

第三，關注刻印技術更新，在致力木板刻印之外，還鄭重地製作活字印書。周必大紹熙四年（1193）向人說：「近用沈存中（括）法，以膠泥、銅板移換摹印，今日偶成《玉堂雜記》二十八事」[88]。我國使用泥活字印書，正是在兩宋之際，即公元十二世紀的時候，當時西夏用泥活字印刷了佛經，周必大這次印出《玉堂雜記》，是使用泥活字印書的又一個成功事例。那時的南宋和西夏沒有多少交往，不存在兩邊活字印刷技藝交流的事實，周必大的膠泥活字印書，該是吉州當地匠師的創造。可惜他沒有介紹製作膠泥活字和印刷的細節，所印的《玉堂雜記》現在也未見到。

第四，校正、重刻《文苑英華》，對保存歷史文獻作出了寶貴貢獻。《文苑英華》是我國歷史上的一部總集，輯集南朝梁末

88　《文忠集》，卷一九八，《程元成給事》。一九八七年五月，甘肅武威市涼州區新華鄉在一座寺廟遺址中，發現西夏文泥活字印刷的《維摩詰所説經下卷》，專家鑑定為約十二世紀前期所印。二〇〇七年新華網寧夏頻道一月四日電稱，發現西夏佛經《妙法蓮華經集要義鏡注》為泥活字印刷，其中有一頁清楚記載了印刷該經的幾道工序，有核對、取字、作字兼作字丁、刷印，雖然只有十餘字，但已經概括了活字印刷所經歷的必須工序。把這些文物和周必大的記錄對照，證明活字印刷術在宋代已經應用。

至唐朝的詩文，上接《文選》，它所保存的大量詩文，為以後《古詩記》、《全唐文》、《全唐詩》的編纂所取材。宋太宗下詔修《太平御覽》、《冊府元龜》、《文苑英華》各一千卷，延續至於南宋，前二書閩、蜀已刊，唯《文苑英華》士大夫家絕無而僅有，且秘閣所藏，也是舛誤不可讀。孝宗時曾經命一二十人校勘，但他們「往往妄加塗注繕寫」，增加了差錯。開始的寫本，讎校頗精，後來的印本被「淺學改易，浸失本指，今乃盡以印本易舊書，是非相亂」。周必大退休後，開始校勘《文苑英華》，他「遍求別本，與士友詳議，疑則闕之，凡經史子集傳注，《通典》、《通鑑》及《藝文類聚》、《初學記》，下至樂府、釋老、小說之類，無不參用」，對原本的差誤逐一校正，「詳註逐篇之下」。然後刻印，「始雕於嘉泰改元（1201）春，至四年（1204）秋訖工」[89]。此時他已是七十九歲高齡，老人如此熱心於文化典籍的完善與傳承，令人肅然起敬。

協助周必大校勘《文苑英華》的鄉貢進士彭叔夏，把考訂商榷的結果整理成《文苑英華辨證》十卷，於嘉泰四年（1204）成書。該書分用字、用韻、事證、事誤、事疑、人名、官爵、郡縣、年月、名氏、題目、門類、脫文、同異、離合、避諱、異域鳥獸、草木、雜錄等二十一類記述。叔夏自序說，必大叮囑曰「校書之法，實事是正，多聞闕疑」，「叔夏年十二三時，手鈔太師皇帝實錄，其間云『興衰治□之源』，闕一意字，謂必是治

89　《文忠集》，卷五五，《文苑英華序》。

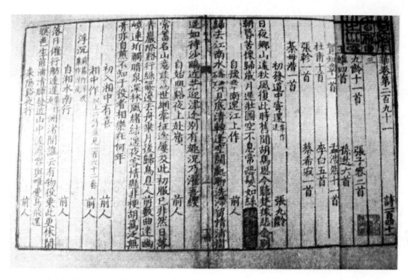

· 周必大刻《文苑英華》

亂,後得善本,乃作治忽。三折肱,為良醫,信知書不可以意輕
改」。於此可見他們對《文苑英華》校勘的艱苦細緻程度。

四　刻印圖書的大致種類

刻印產品種類繁多,大宗的首推經史子集等儒學領域著述。
先儒經典之外,還有理學家的論著,名宦的文集等。

其次,由於墓葬風水術的盛行,地理書刻印不在少數。吉州
歐陽守道說:「地理之書富甚,予雖淺陋,目中所見亦不下二十
餘家,而鄙俚繆妄,一見而棄之者不計其數」。社會上迷信風
水,以卜地為業的風水術士很多,甚至有「不識字畫」的風水
師,故而鄙俚繆妄之書流傳廣,刻印得多。

再次是廣泛使用於社會的各類文書約契。會子等貨幣證券的

印刷，嚴格控制在官府，而民間偽造亦不少，僅就刻印技術而論，其水平不低於官府刻印機構。民間田地屋宇買賣，訴訟狀紙等，有固定格式，也是版刻印刷。從印刷技術方面說，還有便於夾帶舞弊的「巾箱本」，蠅頭細書，刻字技藝頗佳，南宋後期人說：「今之刊印小冊，謂巾箱本……無所不備。嘉定間，從學官楊璘之奏，禁毀小板，近又盛行，第挾書，非備巾箱之藏也」[90]。本為攜帶方便而刻印的小本子，變成利於挾帶的違禁品，非刻印技術進步之過，倒是刻印技術精湛的證明。

第四，大量刊印科考輔助資料。興旺的書院教育、科舉考試，促進了民間刻字印刷生產，而印刷的方便，反過來又推動了書院教育。每當科舉考試之年，各書院就會刊印模擬試題，供生員習作。歐陽守道曾經介紹說：「舉進士之歲，吾鄉諸齋擬策四出」。這些鄉先生擬出的對策試題，從資治角度衡量，「其間有志當世者」所擬的，具有現實參考價值。這些人雖然「出於窮閭頹壁之下，兄弟師友，不朝夕溫飽之間」，但他們心憂天下，經常談論的是「民病若何，蘇邊憂若何」，「出入經史典故，古今格言，而潤色之以文采」。如果「轉而上聞，未必無益，既不能然，則刊刻流布，傳於同試場屋之士，使得吾說者皆有以告有司，如此而應科舉，亦何負科舉哉」。例如，劉景豐「所刊，當今上策」，因為景豐「有勁氣，議論顧理是非，恥軟熟雷同」[91]。

90　戴埴：《鼠璞》，卷下。
91　歐陽守道：《巽齋集》，卷九，《擬解試策序》。

劉景豐編輯刊印的科舉對策題集，名為《擬解試策》，僅是吉州「諸齋擬策」中的一種。由此可以想見，江西其他十多個州軍的書院學校，必定也會刊印類似的備考資料。流傳在成千上萬生員手中的備考資料，其品種之多，數量之大，不會低於其他書籍。

統治者唯恐不利於朝廷的文字著述傳播，要控制社會輿論，紹興十四年（1144）六月有官僚上奏說：「近年來諸路書坊將曲學邪說、不中程之文擅自印行」，惑亂學者，為害甚大。高宗批准，將現在版本「不繫六經子史之中」，而又不符聖人思想者，「日下除毀」。淳熙七年（1180）五月，孝宗「申飭書坊擅刻書籍之禁」[92]。這些禁令的實際效果不佳，「非聖之書」仍然廣泛刻印流傳。

由於刻板印書業興旺，進入市場作為文化商品的圖書多了，價格似乎不貴。南宋後期，在吉州市面上，「今書肆之書易得，有銅錢數百，即可得《語錄》若干家。取視之，編類整整，欲言性，性之言千萬；欲言仁，仁之言千萬」[93]。

鑒於南宋總體社會經濟發展趨勢，刻印書籍已經是經濟產業，為大批勞動者提供了寫字、刻字、印刷、裝訂等工種的勞作崗位，帶動了製墨、造紙、制筆等行業發展。書籍作為文化商品在市面銷售，從北宋已經開始[94]，到了南宋隨著書院教育更趨普

92　《宋史》，卷三五，《孝宗三》。

93　歐陽守道：《巽齋文集》，卷七，《送黃信叔序》。

94　北宋淳化五年（994），因判國子監李志上奏，在國子監置書庫監官，「掌印經史群書，以備朝廷宣索賜予之用，及出鬻而收其直以上

及。「墨莊」劉滁，曾在建安買書五百冊，象山書院的彭興宗，也去建陽買書。他倆買的肯定是經史諸子書籍，至於「巾箱本」、《擬解試策》之類應付科舉讀物，自然更是出賣的商品。刻書業相應的進一步發展，生產與銷售的諸種書籍與日俱增，帶來了可觀的經濟效益，因而形成了商品圖書市場。

第四節 ▶ 絲麻紡織業

麻紡業是江西素來的當家行業，麻布主要供民眾衣著之需，產量很大。江西各地栽桑育蠶普遍興旺，是絲織業比較發達的最好證明。絲絹主要變作賦稅，被官府徵去。至於官紳的富室人家，絲織品消耗量也不少。麻布雖然事關百姓，卻難見官私文書記錄，而絲絹是賦稅中的一大課目，故而會作為財政狀況之一反映出來。劉克莊描述民情說：「聞說萍鄉縣，戶戶有絹機。荒年絲價貴，未敢議寒衣。」生動地點透了絲絹對民生冷漠，卻於國賦攸關。

一　絲織業

紹興初年，宋金戰事頻繁，城鄉生產委頓，但是絲絹徵收緊急，數量浩大，洪州繳納的衣綢為四一〇〇餘匹，絹二〇五〇〇

於官」。印書出賣所得要上交，可見是朝廷的財政收入之一。見《宋史・職官五》。

匹；建昌軍的夏科綢絹三四○○○餘匹，絲綿二八○○○餘兩。以江南西路為單位，南宋時期在「上供」、「軍需」等名目下交納的綢合計六七九三八匹，絹三八八九八八匹，分別占諸路總數的百分之十六點九九、百分之十八點四八。直到南宋晚年，撫州每年上解絹三二二○八匹，按慣例解本色二一○○○匹，其餘一一二○八匹多是奇零湊納，故而折錢上交。

　　吉州永新縣，從唐朝末年開始實行以絹頂二稅交納的政策，北宋初年定下絹一匹折錢一千的規矩，沿習既久，成為慣例。南宋後期，永新「民歲市縑六萬餘匹」納官。[95]縑是一種細絹。永新縣民眾每年購買交官即達六萬餘匹，若加上百姓需用部分，可以推知該地的產量必然更多。

　　絲織品生產與民間消費情狀，從官宦人家的衣著上反映出旺盛的一面。一九八八年德安縣咸淳十年（1274）周氏墓中，隨葬器物四○八件，絲織品及絲質服飾共三二九件，其中有袍四十五件，上衣一件，絲棉襖三件，褲六件，裙十五件，衛生帶三件，裹腳帶一件，鞋七件，襪七件，手帕一件，羅帶一件，繡花荷包一件，彩繪星宿圖一件，整幅絲織品匹料四件，餘料五件，絲織品零料一五○件，絲線六十五件。出土時這些絲織品保存完好，質地結實，手感細膩，多為生織、匹染的家蠶絲織品。絲織品種包括羅、綺、綾、絹、紗、縐紗等。這些絲織品中除平素者外，紋飾多為大小提花的折枝花卉紋，另有少量的印花和彩繪圖

95　同治《吉安府志》，卷十四，《秩官》。

‧德安南宋周氏墓出土的絲衣

案。[96]如此繁多絲綢衣飾證明，絲織業在民眾生活中的地位更加提高，不只是供賦稅之需。

周氏墓主及其家屬的社會地位不高，是很一般的官戶。墓主周氏，隆興府武寧縣人，其父周應合，度宗時為御史，因彈劾賈似道，被貶降，南宋末年為瑞州知州。其夫吳疇，江州德安縣人，為新太平州通判。周氏嘉熙四年（1240）生，寶祐五年（1257）嫁吳疇，咸淳十年（1274）卒，年三十五。這位一般州縣官家庭的成員，生前死後所耗費的綢絹，足以表現絲織品在人們心目中的重要地位。周氏對絲織品的嗜好，也許是特例，但是它所反映的蠶桑絲織業的旺盛，卻也是不可否認的。周氏墓中的

96　周迪人等：《德安南宋周氏墓》參，《隨葬器物》。江西人民出版社一九九九年版。

綢絹不能說全都是本地產品，但也不能否認有本地產品。德安「義門」陳氏家族的「桑蠶院」，應是當地絲織業比較興旺的縮影，其榜樣作用勢必擴散於德安農村。

另據陶谷記載，撫州、信州都生產一種絲與蕉纖維交織的「醒骨紗」，特別適宜做夏天的衣料。他說：「臨川、上饒之民，以新智創作醒骨紗，用純絲、蕉骨相兼捻線，夏月衣之，輕涼適體」[97]。陶谷說醒骨紗是「新智創作」出來的，則屬於新產品，它「用純絲、蕉骨相兼捻線」而成，能夠和蠶絲「相兼捻線」的蕉纖維，必然是細緻柔軟程度相當於蠶絲，否則交織不了。成功地將兩種纖維交織而成新產品，確是紡織技術的大進步。此後撫州盛行的蓮花紗，該是和醒骨紗有技藝上的繼承關係，但是放棄了交織的做法，不知原因何在。

二 麻織業

麻、葛織物，素來是江西地方土特產品，不少州軍以白苧布作「土貢」物品，獻給朝廷享用。老百姓「俗喜麻苧」，其數量卻沒有數據可考，從穿著方面考察，白苧布已是常用的衣料。豐城人黃彥平紹興年間概括江西風俗說：「御暑烏油傘，傷春白紵衫」[98]。適宜盛夏的白紵衫在春天已經穿上，故有春寒的感傷，這也是眾人對白紵衫喜好所致。

97　陶谷：《清異錄》，卷三。
98　黃彥平：《三余集》，卷二，《宿新喻縣戲為俳體》。

第六章・手工業、商業的變化發展

南宋時期民間織出的優質麻紗，頗受官貴富人賞識，如撫州的蓮花紗，是市場上暢銷的精品。朱彧《萍洲可談》卷二載：

撫州蓮花紗，都人以為暑衣，甚珍重。蓮花寺尼四院造此紗，織之妙，外人不可得。一歲每院才織近百端，市供尚局，並數當路計之，已不足用。寺外人家織者甚多，往往取以充數。都人買者，亦自能別。寺外紗，其價減寺內紗什二三。

朱彧記述的是北宋末年事情，然而也可以用來考察南宋的概況。民間生產的繼承性，會長時間延續下來。撫州大商人陳泰經營麻布生意，是以資本貸給撫州以及吉州的織布者，類似包買商的壟斷性方式（詳見後文），完全是建立在撫州麻布紡織業興盛基礎上。蓮花紗和陳泰二者雖無直接聯繫，又有不可分割的社會繼承關係。陳泰的包買經營，決不可能產生在生產萎縮、沒有市場的行業中。

蓮花寺尼姑精於紡織，她們的寺院實際上已經是大型的麻紗作坊，這些企求解脫的勞動婦女，處於靜謐而保密的環境中，仍然以世俗女紅消遣時光，是撫州麻紡業普遍發達，技術水平很高的集中反映，蓮花寺作坊實際上是民間作坊的延伸和深入。反之，正是尼姑們專精緻志的努力，掌握了超常的技藝，其勞作成果才能衝出佛寺，進入都市，與熱鬧的京師建立了緊密聯繫。而且，因為她們的傑出的勞作，刺激了寺外紡織女工，積極以自己的產品與之競爭，這就不斷推進了南宋時期撫州一帶麻紡業的發展。

撫州的紡織生產，零星反映在交易之中。如撫州人馮氏，燒

製陶瓷為生，「嘗貸二客紗帛二十千，約日償直。及期不肯與，客詣窯所逼之」，被馮氏打死。[99]又撫州南門黃柏路居民詹六、詹七兄弟，「以接鬻縑帛為生」[100]。紗帛可以賒銷，該是紗帛產量比較豐足的反映；絲絹紡織者只需全副精力織造，有人專門上戶接貨去賣，則是產銷兩旺促成的。

江西的布帛產品主要供本地民眾衣著消費，也有部分銷往兩廣、荊湖等地。從生產方式上考察，紡織業由男耕女織式的家庭副業地位，逐漸發展為獨立的手工業部門。德安「義門」陳氏的「桑蠶院」與陳氏大家族的解體同時結束，然而專業的桑蠶農戶沒有消失，而是逐步增多起來。前述的那些栽桑養蠶農戶是其中的組成部分，另外還有專門替人紡織綢絹的機戶，以及僱傭勞作者。如都昌婦女吳氏，「為鄉鄰紡緝、澣濯、縫補、炊爨、掃除之役」，她有什麼活計就幹什麼，紡緝是其首要者。樂平縣滃港附近的一個白石村民，「為人織紗於十里外，負機軸夜歸」[101]，自帶紡機上戶替人紡紗，是一個專業紡織工。他們都是以替別人紡織作為生活來源，可見這時的紡織作坊中已經不僅是家庭成員，而且有「客作兒」也就是雇工參加進來，作坊主和雇工之間，是一種毫無身分約束的貨幣關係。撫州、吉州一帶有眾多的織布工匠，與活躍的布商、駔儈建立了緊密聯繫，長期為他們紡織麻布，滿足了大商人壟斷貨源的需要。

99　洪邁：《夷堅志》，三志壬卷一，《馮氏陰禍》。
100　洪邁：《夷堅志》，丁志卷十五，《詹小哥》。
101　洪邁：《夷堅志》，補卷一，《都昌吳孝婦》；乙志卷八，《無頦鬼》。

第五節 ▶ 水陸交通與造船場

江西地區在北宋時期，是中原與嶺南交通幹線的中段區域，到了南宋，東西交通要沖的地位進一步提升，形成以贛江為軸心、以信江和袁水為橫幹的大十字形交通網絡，東南西三面連接福建、廣東、湖南山間隘道進一步暢通，分寧（今修水）、武寧是通湖北的要沖，婺源、浮梁是通安徽的要沖。來往都以水運為主，陸路處於輔助地位。隨著橋樑數量增多，道路網絡趨於完善，過往更加方便。交通工具以舟船為首要，陸行則坐轎或騎馬。當時人稱：「豫章為四通五達之沖」，實為交通樞紐之地。重要的區位優勢，推動著航運和造船業發展。

一 十字形交通幹線

1. 主要的交通線路

南北交通幹線：基本上全靠鄱陽湖──贛江航運。建炎三年（1129）七月，隆祐皇太后自建康至虔州，走的是南北方向最直捷的官馬大道。她溯長江而上，由湖口進入鄱陽湖，經吳城碼頭，到達洪州南昌，逆贛水而行至豐城、清江、新淦、吉水、盧陵、泰和、萬安，因金兵逼近，萬名衛兵潰散，她沒有繼續坐船，進入贛石三百里的險灘航道，而是棄舟上岸，坐轎走山路，到達虔州。

自虔州繼續去嶺南，則取道章水西南行。淳熙七年（1180）楊萬里赴任提舉廣東常平茶鹽公事，二月初自泰和出發，將近二十天才進入廣東境內。沿途所經的主要地點是：至萬安走陸路，騎馬上皂口驛，換轎過皂口嶺。山路陡峭，在吉州與贛州交界處

・大庾嶺梅關驛道

的分水嶺，「路險勞人殺，儂須下轎行」。進入贛州地面，不再上山，路顯得寬平一些了，經二三程到達贛州贛縣。再過桂源嶺，至南康，由小溪至新曲，到達南安軍大庾縣。二月十九日翻越大庾嶺，進入廣東境內的南雄縣，再坐船由湞水至韶州，入北江而達廣州。

東南角進入廣東梅州的交通，自南昌出發，取道撫州、建昌軍南城縣往南，經南豐、廣昌至石城，經瑞金、會昌而至梅州；或先入福建長汀，然後南下至梅州。

東西交通幹線：京師臨安與大西南的聯繫，主要通過贛東北的信江、贛江中段和西邊的袁水航運。乾道八年（1172），范成大被命廣西安撫使，十二月十四日出臨安，九年正月陸行至浙西常山縣，十九日宿信州玉山縣，二十日宿上饒沙溪。自此復登舟由信江西行。過弋陽縣，宿漁浦。過貴溪縣，宿金沙渡。過饒州

安仁縣（今余江），至餘干縣，宿鄒公溪，閏正月一日宿鄱陽湖尾的鄡子口。至隆興府，泊南浦亭。沂江南行，宿張家寨、市汊、上江、過豐城縣、至臨江軍。因袁水比較淺，不能航大船，范成大改坐轎。經新喻縣、分宜縣、至袁州宜春。再由袁州至萍鄉，進入湖南醴陵縣。[102]范成大這次經過，是官宦們旅途中的正常日程，從正月十九日至玉山算起，到閏正月三十日至湖南醴陵，江西境內共計四十九天。他沿途的留宿地點，皆為過往官員所必經，這條舟轎聯運的大道，自然也是商民來往的大路。

在安仁（余江）如果不進鄱陽湖，改走陸路，則可以取西南方向至進賢，通過潤陂橋進入江南西路轄區。楊萬里從吉州去臨安，是反方向走這條路，他過潤陂橋時說：「潤陂初上板橋時，欲入江東尚未知。忽見橋心界牌子，腳跟一半出江西」。後來他從休寧、祁門進入浮梁，至樂平，皆是走山間大道，在樂平南二十里過了翥山渡，才到了平地，高興地轉而乘船，至弋陽、安仁、入鄱陽湖。哪知在湖心康郎山遇大風走不了，心中憂悶，想起同僚的建議：「同列諸公總勸予，歸時切莫過重湖。婺源五嶺祁門峽，今是危途是坦途？」深感山行、泛湖都不容易，「世上舟車無一穩」[103]。

沿著贛東朝南走的路線，周必大走過一次，經過的地點和日期是：隆興元年（1163）他從臨安歸廬陵，四月初一出發，五月

102 范成大：《慘鸞錄》。
103 楊萬里：《誠齋集》，卷三五，《悶歌行》。

十四日入信州界，然後經過永豐（今廣豐）、上饒，二十一日至鉛山縣汭口鎮，路過弋陽、貴溪、安仁，二十四日至金溪，第二天到南城，二十七日至南豐。六月初二至寧都。按，周必大回盧陵，應當朝西南走臨川、清江，但他要去寧都看望姊家，故由貴溪至金溪一二〇里，至南城八十里，至南豐一二〇里，南豐至廣昌一二〇里，廣昌至寧都一二〇里。十四日坐船離開寧都，十五日至石城江口，由於河水較淺，船老大不熟悉航道，「幾次衝撞傾側，欲碎者數矣」，下午暴風異常，船觸亂石，「危不可言，急令諸僕入水持舟久之，風定方能去」。十七日至雩都，經七里鎮，十八日至贛州。遇到南安軍發洪水，順章江流來，贛江水暴漲。二十日至贛縣儲潭，上廟祭神。申時以後「得水手即行，江漲，十八灘皆平」，二十一日即到萬安。二十二日至泰和，二十三日回到盧陵永和鎮，「歸永和本覺寓居」[104]。周必大這次繞了一個彎，從五月十四日至六月二十三日，水陸兼行，花了三十九天，扣除逗留寧都的十多天，實際只需一個月左右。

2. 水陸交通的特點

　　從以上幾個旅行事例中，可以得知南宋水陸交通的一般性特徵：

　　（1）各條線路都是以自然河道為主幹，水上航行是過往的基本方式，河道水淺不適宜舟船航行的區間，陸路也是沿著河港溪流開闢。

---

104 周必大：《文忠集》，卷一六五，《歸盧陵日記》。

（2）由此交通網絡，自然發展起來大小不等的州縣所在，州縣治所就是一個水陸樞紐，一個交通網絡上的結點，通過這個結點的頻繁程度，決定著州縣的經濟與政治地位。反之，州縣的高等級地位，促進了水陸交通繁忙。

（3）州縣之間即是交通樞紐點之間的距離，一般在八十到一二〇里，這是當時交通技術設施一天所能達到的里程，夏天起早貪黑，步行一整天也可以走到。由這個里程距離，可以推測出一個縣的通常轄區範圍，分析州縣城鎮的布局，以及它的管轄能力之有效輻射圈。

（4）為了保證路線暢通，設有若干驛站，以便過往人員歇息，補充給養。維護這些驛站，是地方官員的一項政績。例如萍鄉縣，地當贛湘孔道，驛站為各方關注。萍鄉境內有三個馬驛，淳熙七年（1180）孫逢吉知萍鄉，重視改善驛站條件，「既葺其陋，又糴粟以給之，遂有經久之計」[105]。另一位知縣趙公廩，保護驛路兩旁的老杉樹，使過往者得以遮陰乘涼，獲得社會好評。張孝祥說：「萍鄉境上有驛，傍有老杉餘百本，余過而愛之，驛無名，餘名之曰愛直，而為之詩。又以告邑大夫趙君公廩曰：使繼自今為令者，幸如君之賢也，則此杉長存，不然將斧斤斯民，以自封植，於杉何有」。

作者借驛路旁的杉樹，諷喻官僚們不要趁主政地方之機，搜括民脂民膏，「斧斤斯民，以自封植」。

---

105 樓鑰：《攻愧集》，卷九六，《寶謨閣待制獻簡孫公神道碑》。

（5）交通工具主要是船和轎，車與馬很少。在平常情況下，來往於遠州別縣之間，主要是官宦富室人家，其次是少數商賈，乘船、坐轎是他們的必備工具。故而製造舟船、轎子成了緊要的手工業，撐船、抬轎成了很多人的謀生途徑，憑藉他們的體力和技能，促成了交通繁忙。在贛江十八灘等險峻航段，必須有當地熟悉灘區航道的船工，例如周必大在贛州「得水手即行」，否則不敢開船前行。

（6）交通安全是出行者最大的憂慮。不論是水路、陸路，都會有不測的危難，既有自然方面的緣由，也有人為的社會因素。贛石三百里險灘，會因為章水、貢水、桃江等上源溪流爆發山洪而漲水，出現「十八灘皆平」的水文景象，使航船平穩駛過。鄱陽湖中，有不測之風浪，還有水寇之患，陸地上也有攔路打劫者。范成大在鄱陽湖的鄡子口，得知「鄡子者鄱陽湖尾也，名為盜區，非便風張帆，及有船伴不可過」。由鄡子口至范家池，停泊過夜，「道中極荒寒，時有沙磧，蘆葦彌望。或報盜舟不遠，夜遣從卒燃船傍葦叢，作勢以安眾」。范成大身為廣西安撫使，也只有偽造聲勢，在安撫眾人之時寬慰自己。南宋有限的經濟開發地域，加上有限的州縣管理能力，要謀求旅途中的安全，總體上處於民眾自衛狀態。

二 航道經營與橋樑建設

1. 贛江航道的經營

贛江為主航道，撫河、信江、饒河、修水等航道居次，然而各自的暢通都對其他航道有推動作用。為保水路航行暢通，運輸

安全，既有祈求神靈保佑，也有整理航道，建築避風港灣，強化政府管理等人工努力。

袁水，不僅是東來西往的官宦、商客之路，也是贛西筠州（瑞州）、袁州所轄高安、上高、新昌（今宜豐）、宜春、分宜、萍鄉、萬載七縣民戶交納賦糧的運輸通道，從北宋以來一直是集中入袁水運至臨江軍，再轉入贛江北運出去。「江西歲以筠、袁二州民戶苗米，令赴臨江軍輸納」的政策，到了紹興末年以後，由於客運、貨運量增大，運次頻繁，於是感到「江道淺狹」，航道不暢，過往阻滯，「緣此官吏恣為侵漁」，趁機勒索財物，使「筠、袁之民嗟怨盈於道路」。改良的辦法是先於「本州受納」，再在臨江軍「寄敖」，「各州自差官吏專斗受納，無使臨江之人幹預」，[106]借袁水而運輸賦糧的流通線路依舊不能放棄。

鄱陽湖是江西航運的總樞紐，眾水聚會，水深面闊，航道四射，然而風大浪急，船帆穿行波濤之上，處於翻覆溺水危險之中。於是，或祈求神靈保佑，或泊船碼頭候風。贛州十八灘開頭航段有儲潭廟，贛江入鄱陽湖航道上的樵舍（新建縣境內）建有龍王廟。進出贛江經過樵舍龍王廟的「士大夫及商旅過者，無不殺牲以祭，大者羊豕，小者雞鵝，殆無虛日。」[107]吳城碼頭，是修水、贛江二水匯合入湖的必經之處，船家在此等待好天氣，以便一帆風順地出湖入江，於是建有順濟龍王廟和望湖亭，供商客

---

106 《宋會輯稿》，食貨九之十，《賦稅雜錄》。
107 方勺：《泊宅編》，卷中。

停靠。紹興年間，張孝祥任官撫州，一次途經鄱陽湖，風阻吳城，感慨地吟出：「吳城山頭三日風，白浪如屋雲埋空。北來大舸氣勢雄，車帆打鼓聲鋒鋒。我舡正爾不得去，侷促沙岸如鳧翁。……」[108]當浪濤洶湧之時，比較小型的舟船不敢出航，不得不「侷促沙岸如鳧翁」，多麼無奈。求神表達的是精神上的思念與寄託，湖面上的「順風逆風皆偶然」，只有耐心等待。

吳城碼頭順濟龍王廟常年的旺盛香火，透露出過往船隻眾多，求神保佑的供品豐足，因而這是一種特殊的財源，掌握了龍王廟的管理權，也就獲得相當的經濟收入。於是，這個祈禱之所竟然進入商業領域，南昌的隆興府衙門定出錢額，讓人去承包經營。乾道六年（1170）五月初一，周必大來到吳城碼頭，拜謁順濟龍王廟，廟中的「祝史云：買撲三年為界，每年四百千省，納隆興公庫」[109]。承包者自己所得的收入，自然在每年四百千之外。

凡是能夠施加人力，抗禦自然災害的時候，人們總是盡其智慧而施為。贛江上游的十八灘，一再進行了疏鑿。鄱陽湖北端星子縣境內的一段，航道狹，風浪湧，當地多次改進避風港建設。該港灣在縣城南一里左右，在哲宗元祐、徽宗崇寧兩次改築，建起石砌堤寨，內有兩個港澳，可容納千艘停泊。每年江西諸州錢糧綱運，並商客舟船，浮江上下，進出湖區，並於港澳內拋錨停

---

108 張孝祥：《於湖居士文集》，卷二，《吳城阻風》。
109 周必大：《文忠集》，卷一七〇，《奏事錄》。

泊，避開風濤，免受沉溺之患，公私兩便。由於年久失修，尤其是紹興以來損壞日趨嚴重，逐年風浪衝擊，砌石損動。漕運回航的空船，往往偷搬石塊壓船，以致港寨內沙土填塞，不復開濬。重載舟船，不免於石寨外江心排泊，沿岸石磊不堪繫纜，遇到大風浪湧，就會漂溺人船。孝宗淳熙七年（1180），南康軍知軍朱熹在全力賑災之時，組織災民對避風港再次維修加固，疏濬港道。他委派星子知縣王文林、司戶毛迪功，到實地勘測估算，共需工料等錢五三〇七貫一二〇文，工食米四五六石四斗五升。朱熹將這項工程上報江南東路轉運司，轉運司回牒，「止撥到移用錢一千貫文，米五百石」。朱熹大約就是憑這些錢糧，「雇募人工修葺」了港澳[110]。

朱熹乘當地旱災饑荒嚴重，興工修葺避風港，是「以工代賑」，收一舉兩得之效。經過這次重修加固，進一步提高了港澳的抗禦風浪能力，故而進出湖區的航船「視澳為家」，船工敢於「枕舵而臥」了。

河道是交通的動脈，四方交流的物貨都集中於航船上，時常誘發出敲詐錢物的糾紛。有的無賴之徒，在渡口騙脅客人，勒索錢物，稍不如意，群起毆打。有的私家渡船，停篙中流，要勒錢物。甚至官府設的渡口，監渡的胥吏「恣行騙脅，甚者奪攘財物」，交出贖金，方肯付還。有的官渡抬高收費，如通常是每人五文，卻要收十七文，因而誘發爭執打鬧，致人落水溺死。

---

110 朱熹：《晦庵集》，卷二十，《乞支錢米修築石堤札子》。

為確保航運安全暢通，官府禁止霸渡，法律規定：「諸津渡人於深闊湍險之處，恐嚇乞取錢物者，以持杖竊盜論」。遇到航道沿線某地有寇盜發生，則嚴密盤查，關防奸細。寧宗嘉定年間，江西提舉常平范應鈴，接到安撫司公文，說贛江上流有盜寇，要嚴查關津，他移文豐城以上沿流各處仔細稽查，往來舟船，「需憑照引，用州印者方實」。如果有牌而無引，或有引而無印，有印而不是州的，並是假偽，要嚴格審查，予以懲處。如果條印、封記都沒有，縱非奸細，必定是漏稅貨物，要加倍罰稅，然後放行。如果印內未寫明隨行物色，則是夾帶，不能任其需求放行。這張文榜，張掛在峽江北岸，「仍請沿流一體曉示」。[111]

2. 橋樑的建造

橋樑是連接東西南北道路的關節設施，通過橋樑使水道和陸路連接，構成交通網絡，實現暢行四面八方。州縣城鎮都在江河岸邊，民人過往不外三種方式，涉水過河，必須水淺才行；渡船搭載，有上下爭先之擁擠，風浪衝擊之驚險；搭建橋樑連接兩岸，才如走平地。在古代技術條件許可範圍內，水面窄的溪流上建築石拱橋，水面寬闊的江河上多半建浮橋。浮橋的基本結構是，以若干艘舟船停浮水面，船隻系以鐵錨定位，再以繩索或鐵索橫貫連綴，兩端固定於岸上石柱。船面鋪木板，聯屬綿亙而

---

111 《名公書判清明集》，卷十四，《曉示過船榜文仍移文鄰郡》。第 554
　　頁。

成。浮橋可以隨河水漲落而高下，也能主動拆開，讓舟船、竹木排通過，不影響航運。造浮橋的技術難度相對小，耗資較少，容易見效。

建橋工程通常由三種力量承擔，官府，佛道，富家。州縣長官關注地方建設，興利除弊，即可憑藉官府權威，籌措錢糧工料，順利興工建造。如果遇上貪卑之輩，則有征派勒索，可能導致騷擾，甚至苟且了事。僧道中勇猛精進者主持修橋，勸誘信眾捐錢出力，做事認真，然而財力非一日可集，見效遲緩。富人發願捐建，集資快，易奏效，然而多半「豐入而嗇出，瘠彼而肥己」，少有損己推惠之人。建橋鋪路，是改善社會環境的難題，又是大好事，出錢出力者應該記錄，值得敬佩。陸九淵讚譽金溪捐資財修路者，是「真為善、為公，而出於其心之正者」，並藉以勉勵眾人消除乖爭陵犯之事，興起和協輯睦之風。

河道上興建的橋樑很多，已見記載的主要有：

盧陵富田鄒公石橋：富田市在盧陵縣東南角[112]，是交通商貿發達的所在，「吉、贛、閩、粵之商日夜走集」，故而稱作「市」，設置有戍兵駐守。周邊多山，有河名富水，濫觴於興國，「凡數百里至市而漫」，春夏時期如漲洪水，秋冬季節也難以涉水過去，渡船不便，而「津人要求無藝」。鄉里富紳鄒昶對

---

112 原文為「距盧陵一里地有市曰富田」，這與「富田」實在的位置不符，「一里」當有誤。但是，後面說「其川濫觴於興國，凡數百里至市而漫」，則又像是在盧陵縣治附近的富田。究竟孰是，待考。

此事很操心，拿出上萬的錢糧，「鳩工運石，為梁以濟，其長三百尺，衡二十尺，其高加衡丈焉。釃水為五道以過舟，為屋二十四間，以庇行人」，兩旁砌有護欄。這座下有五孔、上有二十四間屋廊的大型石拱橋，開工於紹興三十年（1160），乾道二年（1166）建成，耗時七年。鄒昶一人「靡金谷以萬計」建成此橋，鄉人名曰「鄒公橋」。周必大感嘆建橋之難，富人無幾個「能推惠者」的現實，認為此事「是宜一鄉稱之，文士賦之，鄉先生詔之」[113]。有了鄒公橋，吉贛閩粵的客商日夜過往更便捷了。

安福縣鳳林浮橋：吉州安福為江西壯縣，地當江西、湖南之要津，水出瀘溪，匯於縣治北門的鳳林，河面很闊，建有浮橋，長三百尺。此橋始建時間不詳，從北宋元豐年間至南宋淳熙四年（1177）的百餘年間，四修四壞。前兩次是元豐、崇寧的二十年間，因縣令皆姓上官而稱上官橋。紹興十年（1140）第三次修，縣令韓邦光（徽州歙縣人），先築石堤護岸，再建浮橋，「橋長三百尺，廣十有二尺，下為二十舟」，橋面中心建有跨江亭，南岸堤上建有彩虹亭。徵調各種工匠勞作，三月興工，六月建成，合計六十六天。改名為鳳林橋。韓縣令動員民戶出錢，「率數人造一舟，用民錢數十萬」，實際還不只這麼多錢，那些蔽川而下的竹木商人出的錢，饋送食飲的店家，都未記載[114]。第四次是淳

---

113 周必大：《文忠集》，卷二八，《鄒公橋記》。
114 王庭珪：《瀘溪文集》，卷三五，《鳳林橋記》。

熙四年縣令徐輝主持修的，再改名濟川橋。十幾年後又壞了，為何這麼容易壞？因為「吏惰財殫，葺不以時，或葺矣勿良於工」，即官吏偷惰，財力不足，工程質量差。慶元元年（1195），縣令施廣厚、縣尉陳章二人委身任責，重修浮橋。新造大船，「冶鐵為緪，紉竹為筰」，增強了連接與維繫浮橋的結構，在三個月內完成。這次在「士民咸出力」之外，新來的吉州知州楊侯以錢十萬相助，並決定每年商稅上繳之後的盈餘，留作維修之用[115]。鳳林浮橋因而堅固耐用，使連接江西、湖南的要津得以暢通。

臨江軍新喻縣秀江浮橋：是以工代賑的方式建造的。淳熙十四年（1187）江西大災，飢民流離，江西提舉常平使陸洸奏請賑貸，鑒於「飢民不加少，而廩粟不加多」，新喻知縣李景和決定以工代賑，禮請樂意公眾事務的鄉紳丁南隱、謝峴二人主持建造浮橋，招募飢民勞作，打造舟船二十餘只，排列為梁，以鐵鏈連接，兩端固定在石堤上，船上鋪木板而成平陸，四面趕來的飢民「運木挽土，日千其人」，從淳熙十四年底開始，勞作至淳熙十六年（1189）秋竣工。以前新喻秀江無橋，全賴渡船，「舟子專波濤以為利，過者病之」。浮橋建成，從此變驚濤為坦途[116]。

建昌軍南城縣溢溪浮橋：該橋搭建在盱江上，使閩廣數十州往來要沖之地的交通無礙。盱江中上游多是山水峻急，常有川流

---

115 周必大：《文忠集》，卷五八，《安福縣重修鳳林橋記》。
116 楊萬里：《誠齋集》，卷七三，《新喻縣新作秀江橋記》。

受阻的所在，如龜湖渡，在閩廣到南城來的路上，溢溪渡則是由南城去臨安的必經之地。龜湖渡原來有浮橋，以舟為梁，但是每當風水驟至，輒飄忽摧敗；溢溪渡則浮橋也沒有，故而交通經常受阻。咸淳七年（1271），武學諭涂演（宜黃人）發起捐俸修橋，得到四方同僚響應，一年後同時建成龜湖石橋和溢溪浮橋。龜湖石橋長三百尺，舊有的浮橋舟船二十二只，搬來溢溪，加上三十二只新船，建成溢溪浮橋。於是，閩廣到南城，與由南城而至臨安者，無一不如履平地[117]。

撫州州治浮橋：撫州城在撫河西岸，「故無橋」，乾道元年（1165）知州陳森「始作浮梁以通往來」。淳熙二年（1175）七月，大雨水暴漲，衝斷竹索，浮橋之船「無一存者」。知州趙景明重新建造，他「約己嗇用」籌措經費，又得到江南西路長官周嗣武資助一部分，於是由臨川知縣江霖主持工程，在十、十一兩月內建成，「橋東西相維，其修百文，聯舟為梁，合五十有四艘」[118]。撫河由建昌軍流來，前半段稱盱江，後半段稱撫河，是聯通贛閩的大動脈，撫州為贛東物貨集散地，浮橋從無到有，這是交通壓力增大的一種結果。十年之間建了兩次，這可能與浮橋太長有關。嘉泰元年（1201），撫州浮橋被火焚毀。寶慶元年（1225）改建成石橋，命名文昌橋。

信州貴溪縣上清浮橋：貴溪縣在信江中游，江水自弋陽西來

117 黃震：《黃氏日抄》，卷八八，《建昌軍溢溪橋記》。
118 呂祖謙：《東萊集》，卷六，《撫州新作浮橋記》。

經縣治南稍西，乃折而北流，然後再西去。縣治東南、西南都有河港溪流，居民行客往來，進出縣城，要經過兩個渡口，都是依賴渡船。縣治西南的中溪渡，水滿時渡船常為橫波蕩擊，非常危險。西北角的鑿石渡，水觸西崖，大浪怒騰，其險尤甚。紹熙年間，知縣李正通（建安人）準備了很久，「乃得縣之餘財八十萬，將以屬工」，幾家大姓得知此事，有的贊助鐵連環一五〇〇尺，有的捐獻十餘里山的木竹，信州又資助米一百斛，於是順利開工。紹熙三年（1192）六月始事，不百日而告成。兩崖礧石為磴道，高者五百尺，卑者亦居其五之四，浮橋長九百尺，平水期用舟七十艘，「視水之上下而時損益」，又在小港中搭建小浮橋，用舟十只。另打造兩隻大船，作漲洪水時過渡用。還「留錢五十萬於明覺浮屠氏，使自為質貸，而歲輸其贏五一，以奉增葺之費」[119]。李正通把浮橋維修費用如此安排，是出於對佛僧精誠無私的信賴。

信州州治二浮橋：在信州治所上饒縣城外信江上，原有浮橋，淳熙十年（1183）仲夏被一場大水沖爛，知州錢象祖提議重修，因時歲屢歉，僚屬擔心無經費開支。錢象祖說，我既不敢動用官庫，也不向百姓徵派，唯是把節省一年多的「燕設廚傳」公費用於此。兩月後，在信江、南港兩處搭建新浮橋，共用舟六十艘，舟長皆四十四尺，浮橋「廣丈五尺，危欄巨艦，材堅且良」。信江上的大橋是東西驛道所必經，南港橋則連接通閩粵大

---

119 朱熹：《晦庵集》，卷八十，《信州貴溪縣上清橋記》。

路。信州當贛浙閩粵交通樞紐之地，浮橋頻易而屢敗。政和中（1111—1118）上饒縣令鄭畎開始置田二百畝，為維修之用，但遇水旱只能得一半收入備用。淳熙元年（1174）知州趙汝愚新修一次，風雨漂搖，濤波蕩激，才十年舟已復壞。這次錢象祖當賑饑之餘，以工代賑，修成新橋，費工忘慮五四〇〇有奇，錢為六千緡，賑災米三百斛，「較之前幾於參倍」，則其橋也應更堅固而無疑[120]。

上饒縣的美濟石橋：嘉定、寶慶年間由私人出資建造而成。該橋距信州城約二里，建在由福建流來的河上。此處原有浮橋，遇到春夏大雨水漲之時，總是「纜絕艫解」，毀了浮橋，致使對岸千里，依賴渡船來往，因水大浪急，難免覆溺相尋。當地大戶葉澤，字潤卿，把地方的困難看做是自己的責任，憂慮之餘，毅然出家財修橋。他察看地形水勢，選準建橋位置，僱請工徒，精細地打鑿石頭建起橋墩，架以巨木為梁，全長百餘丈，橋面造廊屋五十四楹。從嘉定十四年（1221）開工，至寶慶三年（1227）告成，總共耗錢幾十萬緡。橋頭一傍另建僧廬，供僧人居住專門看護石橋。又割出田畝收租，專供日後繕修之用。浮橋改建成石墩橋，更堅固耐用了。葉澤真心做慈善事業，實屬難能可貴，真德秀評議說：「世習偷薄，夫人以浚利自營，豪宗右族巧漁橫獵，其不為州裡大蠹者鮮矣，況能心於濟物乎。以濟物為心者鮮，況能發其家之積，以去州裡之所甚病者乎。葉君此役，其可

120 韓元吉：《南澗甲乙稿》，卷十五，《信州新作二浮橋記》。

謂賢也」[121]。

虔州章水、貢水浮橋：贛州城下西有章水，東有貢水，交匯而為贛江。章水發源於今崇義縣聶都山，中途匯入的溪流十餘派，至贛州城西，河面較窄而水急，是為南北孔道。熙寧間始造舟為浮橋，五十五年之後，當建炎二年（1128），時方用兵，財力物資都十分緊缺，但浮橋已破敗，投步心惕。知州許中，仍然心繫建設，命工師估算材竹灰釘等費用，需一三〇萬，遂在虔州造船場借木板搭橋。同時下令過橋收費，「橋成，令過者人輸一錢，持以二僧，居半歲盡償所貸」。

城東面的貢水，水流平緩而河面闊約一三〇丈，每天往來之人以數千計，等待渡船者擁擠成堆。紹興二十年（1150）知州決定從過渡錢中抽取一些，積得二百萬，遂建成浮橋，「為舟三十有四，布板甚良，袚以朱欄，冶鐵為鎖，辮竹為纜，極維繫之固」。橋長「七尋有半，廣五之一」，橋心有臥虹亭，東岸有利涉亭，西岸有臨章亭。橋名「知政」[122]。

各地橋樑增加，道路網絡趨於完密，陸地交通日益便捷，更多地彌補著航道的缺陷，有利於主航道之外地區，尤其是丘陵山區的商旅往來和物貨交流。橋的類別以浮橋居大多數，建橋的主持者以政府為主，資金來源不一，而純屬官庫撥付者很少。節省

---

121 真德秀：《西山文集》，卷十二，《上饒縣善濟橋記》。此記文標題作「善濟橋」，正文中作「美濟橋」，說「扁以美濟，美其利之博也」，不知孰是，待考。

122 洪适：《盤洲文集》，卷三十，《知政橋記》。

官僚酒宴開支而用於修橋，實在罕見，難能可貴。收過橋費而還借款；存錢於寺僧，收其利息作維修開支，是兩個有創意的事例。從時間上考察，這些橋樑大多數建成於南宋中期，反映出江西在時局相對安定以後，社會建設事業得到新發展。

三　造船場與造船

航道暢通，漕運量大，各路客商貿易繁忙，對舟船的需求迫切，造船業隨之興盛。「江西上游，木工所萃，置立船場，其來久矣」，吉州、虔州等航道大碼頭上，從北宋以來即設有造船場，每場差遣監管二員，分撥廂兵二百人役作，「立定格例，日成一舟，率以為常」，製造官府專用的漕船、平底船、暖船、小料船等。舟船載重量一般為五百料，最多不超過七百料。一料相當於一石。南宋以後，造船場規矩衰變了，船場每年定額造船三百至五百艘，監臨官增為四員，兵匠只有一百人，而兵匠都帶家屬。這樣，船場的負擔加重，非生產性開支加大。

南宋初年，戰事緊張，軍需供應浩繁，需用舟船更加緊迫，攤派造船的場所已經不只是原有的船場。建炎二年（1129）六月五日，發運副使呂源上奏稱：「近於江湖四路沿流州縣打造糧船一千隻」。江南東路、江南西路、荊湖南路、荊湖北路的沿流共約二十餘州縣，包括虔、吉、潭、衡四州船場在內，在這年共需打造的船隻，包括兩年來拖欠的數額，合計二七六七隻。由於對金戰事時常吃緊，南宋朝廷時刻準備逃走避敵，十二月十三日，呂源又奏：「乞嚴降指揮，應諸路運司七百料暖船並發赴行在。非舊有場處不許製造暖船，只許造五百料以下，不得過為添飾，

其長不過十丈」。[123]暖船，既寬大，又舒適溫暖，全部調集到朝廷所在之地，供權貴們急需「避敵」時乘坐。只准技術條件好的老船場製造，企在保證朝廷用船，卻又限制新造船場製作，載重量也不許有所超越，顯然是扼殺了造船業的發展。本來為滿足戰爭需要，應該會促進造船業膨脹，呂源卻提出限制性的政策。

江西有較強的造船能力，對國家作出了貢獻，也帶來相應的負擔，尤其是在宋金激烈交戰之時，這種貢獻與負擔顯得更加突出。紹興三年（1133 年）十二月二十七日，江西安撫大使趙鼎奏：本路邊臨大江，控扼千里，急需打造戰船二百只，搬載錢糧船一百只，工費不下十餘萬貫，「乞就吉州榷貨務支降現錢一十萬貫」。但是，朝廷只批准「吉州榷貨務支降現錢二萬貫」，所需戰船、糧船依數打造不能少，「其戰船關送樞密院」。[124]只批准給二萬，該是不想全部由朝廷出錢，因為榷貨務的收入統歸朝廷。這次造船的五分之四開支，又是江西民眾的負擔。

紹興中期以後，宋金對峙局面趨於穩定，朝廷定下各造船場的造船數額，贛州、吉州船場每年額造各五百艘。「吉州一歲運米三十七萬餘石，合用五百料船六百餘艘」，吉州船場所造漕船，只應付吉州漕運就不夠，不足的部分，徵用民間所造之船補充。乾道五年（1169）九月二十七日下令，自當年為始，吉、贛兩船場每歲各減免一百，只造四百艘。至淳熙九年（1182）六月

---

123 《宋會要輯稿》，食貨五十之十。
124 《宋會要輯稿》，食貨五十之十五。

依然執行這個命令。

　　造船所需枋木，向附近出產木材的州縣攤派。吉州造船場所用枋木，取之贛州、袁州、南安軍，也向永新、龍泉（今遂川）採買。採買方式是，官出本錢，商客承攬，興販而至。船場監臨官都要剝扣採買枋木的本錢，侵耗工料，使用低劣木材，製作不合規格的舟船。這些弊端越積越多，致使漕船質量低劣。乾道元年（1165）正月，江西轉運判官朱商卿、史正志奏報：「贛、吉州船場每歲管場船五百艘，近歲所造糧船殊極簡蔑，皆造船官吏通為奸弊」。他們以轉運司離船場遠，「難以稽察」的理由，提出兩條建議，一是兩船場監官各由二員減為一員，離任、到任並就轉運司「批書」；二是認為「贛州造船多阻於灘磧，今乞移贛州一所就隆興府制場打造，本司朝夕可以稽察」[125]。這兩條建議都得到批准。

　　贛州船場遷移南昌之舉，有一條旁證：乾道二年（1166）四月，趙善括在史正志入朝的送行文中寫道：史公在江西革除官污吏勃之弊，「興船場於二郡，植屋三百間，鳩良材數萬，夙弊一淨，漕餉之利由是而永……」[126]到了乾道九年（1173）十一月，在江西轉運判官劉焞的奏章裡，更說「吉州船場已移隆興府」，[127]這就使問題複雜了，究竟遷移的是哪家，待考。

125 《宋會要輯稿》，食貨五十之二十至二一。
126 趙善括：《應齋雜著》，卷三：《送史吏部赴召序》。
127 《宋會要輯稿》，食貨五十之二五至二六，乾道九年十一月一日，江西運判劉焞言：「已降獲旨從本司所陳，吉州造船場移隆興府」，接

官營船場除製造供漕運、客運的舟船之外，還製造過戰時軍用的車船。紹興四年（1134），受洞庭湖楊麼起義軍所用車船啟發，鼎州知州程昌寓仿造出一種車船，通長三十丈或二十餘丈，每隻可容戰士七八百人。紹興五年（1135）五月令諸路依樣改行打造，內兩浙東西路各十四只，江東十二只，江西十六只，「限五十日一切了畢」。[128]出於戰備需要考慮，限五十天製造完成，證明各個船場都具備了打造車船的技術，這次的任務想必也都完成了。這種車船結構是湖船底、戰船蓋、海船頭尾，可以載二百名武裝士兵，往來極為輕便。

各地還有許多民間造船作坊，打造出各種客船、貨船、漁船、小划子，適應著大小河流的航道實際，滿足了城鄉民眾出行、商貿之需，其生產能力不會亞於官府船場。這些民船可能比官船小些，但其數量必定更多。相關的文獻資料稀見，難以具體敘述。

四　船場與綱運之弊

封建官辦造船場曾經製造了大量優質的舟船，滿足了巨額漕糧、食鹽、銅錢等物資運輸需求，也為眾多官吏、軍兵過往提供了足夠的交通工具，在此同時，管理的腐敗又束縛了造船能力健

著他陳述了吉州船場不宜移隆興府的理由，詔令江西諸司相度利害，諸司回奏「吉州船場已移隆興府」，回移太煩費，「且就隆興置立。從之。」據此，移動的便不是贛州船場。

128　《宋會要輯稿》，食貨五十之一七。

康發展。江西船場的「奸弊」主要表現在四個方面：

歲額三百艘，無慮費四千萬，兵匠百人，監臨四員，十羊九牧，無所聽從。占破之餘，所存無幾，工程不登，船額無限，任其魯莽，唯務速成，一株之木，合鋸而三，則斧而二之，此費木以省工，其弊一也。

兵匠既眾，樵釁必多，各務愛家，既不敢顯然竊成全之材，以柴之唯求，其大木斷而小之，以供柴薪之用，長者短，而厚者薄，使以乘載，蓋有不勝其任者矣，圖小利而貽大患，其弊二也。

刳木為舟，能浮於江者，貴其縝密無漏。今合眾木而為之，必有罅隙焉，固宜裁其邊幅，密其機械，使之合而無間，則釘雖少而益固，灰雖多而無用。今乃並沓雙木，貫以釘口，恐其疏折，實以油灰，用材愈多，而船愈不固，其弊三也。

釘用於舟，有以多為貴者，小人私鐵灰之利，而欺盜無已，又懼其數見於外者，可考而知，則穴竅納釘，止實其半，絕其半而再用之，殊不知木深釘斷，兩不相及，擊觸解散，可立而待，其弊四也。[129]

這是南昌趙善括給朝廷寫的奏札中概括出的四大弊病，根源是腐敗。監臨官占用兵匠為自己幹私活，剩餘的少數兵匠造船就

129 趙善括：《應齋雜著》，卷一，《船場綱運利害札子》。

只能「任其魯莽，唯務速成」。於是可以鋸成三塊板的斫成了兩塊；本該榫頭密合而無漏的船體，變做兩塊板並列，全靠油灰（一般以桐油調石灰而成）塞縫；一根釘截斷作兩根用，致使船板連接不牢。船的質量差了，使用壽命縮短，漕運損失加大。上樑不正下樑歪，官僚腐敗，兵匠學著謀私，把有用之材變做「柴薪之用」。

造船場生產管理上的腐敗，必然轉化成民戶身上的稅負。吉、贛船場造船需用的油、麻、坊木等等物料，既向民戶攤派，有時又要折變為現錢交納，給民眾造成沉重的經濟負擔。淳熙年間，孫逢辰把這件「病民」之事向江西轉運司提出，結果裁減以萬計。

官辦造船場本為製造漕船而建，卻因船場的四大弊病，製造的是劣質漕船，必然導致對綱運的禍害。趙善括接著分析說，吉州、贛州造船場有眾多技藝高明的木工，有豐富的優質松、檜、杞、梓等木材，製造的成千上萬艘漕船，「宜其可以任重致遠，悠久無弊。」然而，事實上這些漕船大多半途而廢，一去不返，損則沒於驚濤，腐則棄於長堤。登記在冊的已沒有幾艘。這皆由綱運中的弊端造成。問題主要是漕運所需的錢糧不足，沒有回運的開支，所以「水夫逃散，官舟棄捐」。招致蠹國用，失兵食，誤軍期的嚴重後果。趙善括認為應派使臣押運，回程的錢糧交撐船者掌管等。這些建議是否採納，未見下文。

第六節 ▶ 商業貿易的繁榮進步

進入流通領域的農業、手工業生產品種類繁多，總體上以生活必需品為主，以本地產品占多數，大米、茶葉、魚蝦、瓷器、布帛等為常見的商貨，紙張、書籍、筆墨、硯台等文化用品正在增多。時髦的化妝奢侈品也有銷路，由嶺南輸入的香料，受到官紳富家的歡迎。有一次贛州稅官劉承節自贛州去浙江，路過信州貴溪，住進旅店，「逢數賈客攜廣香同坐，相與問所從來，欲買客香，取視殊不佳」。劉拿出自己所帶香料說：我帶的雖不多，卻比這個好多了[130]。這則故事表明人們對香料不陌生，也有需求，故而在旅店坐下就交談香料交易。

鄱陽湖區、贛江中下游沿岸的居民，有的以販賣魚蝦謀生。居住鄱陽縣城倉步門外的市民汪乙，靠販魚鱉供衣食，乾道三年（1167）秋天，他以錢兩千從漁船上買得一隻大黿，其重百斤，如此大方進貨，其生意之大可見一斑。在贛江中下游一帶，魚販子往往壟斷貨源，使一般人不易買到魚吃。淳熙年間，趙蕃坐船經過豐城，見贛江兩岸樹煙稠密，儘是圩市人居，而江面上很多漁船在捕魚，一片繁忙，他極想吃鮮魚配新米飯，差人到船邊去買魚，卻皆為販子先買走，其人轉向販子買，魚販「率健步不顧」，怕耽誤時間，影響其生意。懊惱的趙蕃寫詩道：「曉甑初炊早稻鮮，傳呼與覓賣魚船。可憐彈鋏竟成恨，空對筠籃翠柳

第六章・手工業、商業的變化發展

穿。」[131]

撫州城內的商家，有的會多種經營，在市場中販賣商品之餘，兼營菜園，雇工種菜，自食之餘，上街出賣。經商於江、淮、閩、楚之間的商賈，多半資金雄厚，生活趨於豪侈，那些「涉歷遠道，經月日久者，多挾婦人俱行，供炊爨薪水之役，夜則共榻而寢，如妾然，謂之嬳子，大抵皆土倡也」。[132]上饒商人王三客，長年來往於江淮廬、壽之地販鬻，每歲往來有一個名叫翟八姐的嬳子陪伴著。

這些事例透露出一個信息，市場在緊張地進行交易的繁忙氣象。從事商業的人眾多，交易時機受到重視，生活方式隨著經商起了變化，簡言之，人們生活的內容更豐富，對市場的依賴程度更深，商品經濟發展的勢頭更猛烈了。

一　講誠信、能創新的商家

南宋對江南的穩定統治，以及江西本身農業、手工業的興旺，為商業貿易的活躍創造了有利條件。在局勢相對安定之後，來商納賈，舟楫連檣，交易頻繁。一批才幹卓著的商家脫穎而出，推動社會經濟向前發展。洪邁對北宋時代南城商賈曾叔卿、陳策等人經商謀利，不欺詐害人的行為，十分讚許，計劃將他們的事蹟寫入國史，為商界豎立仿效的榜樣。他的計劃未能實現，

---

131 趙蕃：《淳熙稿》，卷十七，《曲江道中二首》。
132 洪邁：《夷堅志》，乙志卷一，《翟八姐》。

然而誠實不欺的商人在南宋也能找到，例如撫州金溪縣的陸九敍即是。

陸九敍是陸九淵的二哥，為陸氏家族精心經營藥店。陸氏家族有「義門」的名望，又以精研理學思想著稱於世，治家特別強調思想勸導，但是對家族經濟發展絲毫不馬虎，栽培水稻格外注重精耕細作，而其藥材生意在家族生活中占有顯著的地位。陸九淵介紹說：「（九敍）獨總藥肆事，一家之衣食日用盡出於此。」陸九敍經營藥店有獨到的門道，「商旅往來咸得其歡心，不任權譎計數，而人各獻其便利以相裨益，故能以此足其家而無匱乏。後雖稍有田畝，至今所收僅能供數月之糧。食指日眾，其仰給藥肆者日益重。」[133]陸氏家族「食指以千數」，即是上百人的日常開銷，主要依靠藥店的利潤，可見其生意旺盛。而其買賣藥材的基本守則是「不任權譎計數」，不搞欺詐，不玩弄手段，講求以誠待人，達到與其交易者「咸得其歡心」，使雙方都能獲利，即所謂「各獻其便利以相裨益」。顯然，這個陸九敍也是誠信不欺，不奉行「無商不奸」的歪門邪道。

社會上的人由於對財富貪求的驅使，總是有人犯下傷天害理的罪行，撫州大商人陳泰被夥計殺害即是一例。對這樁謀財害命冤案姑置勿論，我們要討論的是陳泰經營麻布生意的獨特方式。

陳泰，撫州麻布商人，生意做得很大，他的經營方式與眾不同，不是一般的販賣，而是有計劃、有組織的發放貸款，控制貨

源，大批量的經銷產品，從事商貿的觀念與經營模式，遠遠超出同輩。據洪邁介紹說：「撫州民陳泰，以販布起家。每歲輒出捐本錢，貸崇仁、樂安、金溪諸績戶，達於吉之屬邑，各有駔主其事。至六月，自往斂索，率暮秋乃歸，如是久矣。淳熙五年（1178），獨遲遲而來，盡十月不反。」因他的樂安駔儈（即夥計）中的曾小六，「用渠（即他）錢五百千，為作屋停貨，今積布至數千匹。因其獨來，妄起不義之心，醉以酒……遂斃之山下」，被埋在樂安縣嚴陂村[134]。

陳泰的經營地域擴及撫州、吉州廣闊城鄉的緝麻、織布者，預付本金，壟斷貨源。僱傭駔儈，代辦業務。駔儈，即中間牙人，他們協助大老闆——陳泰，將本錢貸放到績戶，再將麻布收集起來。既能壟斷貨源，又保證有充足的商品供應客戶。他的資金雄厚，通過眾多中間代理人去運作，僅是樂安縣就有多個駔儈（樂安知縣張茂老審理此案時，「悉集諸駔驗究，有曾小六者在

---

134 洪邁：《夷堅志》，支癸卷五，《陳泰冤夢》。對陳泰預貸資金給績戶，漆俠先生認為是高利貸，他說：「以營運為主的商人，也兼營高利貸。這類情況似乎更多。例如撫州民陳泰，本來是『以販布起家』的（下引《夷堅志》原文，略），看來這個布商放債的範圍甚為寬廣，而且從放債得到的好處不亞於他的販賣布匹！」（見漆俠《中國經濟史・宋代經濟卷下》第四編第三十章，經濟日報出版社，1999 年版，第1271 頁。）漆先生這個論點值得重視，預貸資金，收回實物，是放債性質的行為。但這與生放債款，到期收利息有不同，他是預付績戶生產本金，包收產品，對績戶的織布生產有直接的保障作用。至於陳泰得到的利潤有多大，洪邁沒有告訴我們，是否「不亞於他的販賣布匹」，難以判斷。因此，筆者這裡不把陳泰當作放高利貸吃利息之人看待。

數中」），其中一個曾小六，即可動用五百貫建屋，囤積數千匹布。生意做得如此巨大，經營方式已經不是單純的放債取息，初級的收購與出賣，而是以商人身分干預生產，把商業資本和手工業資金結合為一。

陳泰將巨額本錢預貸給撫州、吉州方圓數百里的麻布紡織者，直接目的不是放高利貸，吃利息，而是保證及時得到便宜、充足的麻布。他的經營網絡，兼及了生產和流通兩個領域。在這個網絡中有三個支點，第一個是主宰者陳泰，作為一個平民商人，沒有社會政治勢力可以倚傍，全憑自己的智力和財力，在經濟競爭之中擴張市場份額。他不同於一般的資金擁有者，既不是單幹，也不是父子兄弟式的家族協作，而是僱傭駔儈「主其事」，組織成一個巨大的經濟網絡，按其意志自由地運轉。

第二個是駔儈，他們處於陳泰和緝麻、織布者中間，但不是一般的居中介紹，促成買賣，而是老闆的代理人，直接支配資金的發放使用，干預著產品製造和商品供應，是一批經理人。這批經理人，承上啟下，促成整個經濟網絡靈活運轉。

第三個是緝麻、織布者，他們是網絡的基礎，人數眾多，掌握了生產技術和經驗，但不是完全獨立的生產者，不能自主生產，部分地喪失了小業主的地位。由於接受定金，他們是在為陳泰緝麻、織布，對勞動成果沒有支配權。他們中有的人即使比較富裕，有獨資生產能力，但是一旦接受了陳泰的定金，就處於陳泰的制約之下。

三個支點形成三個層面，在陳泰資金的連接下，構成完整的麻布生產與銷售金字塔，將生產和市場組合在一起，發展成一個

巨大的經濟競爭力。陳泰的資金在這裡快速流動，勞作者的產品迅即轉變為商品，進入市場。事實證明，陳泰的這種經營方式具有很強的活力，對生產和貿易的發展都有推動作用。毫無疑問，陳泰是中國南宋前期（約 12 世紀中期）的包買商，他代表著一種新的經濟關係正在興起，雖然這是整個封建小農經濟基礎上的一顆幼芽。

這「幼芽」僅僅是一顆，沒有漸成一批。它出現在樂安、崇仁、金溪一帶相對閉塞的丘陵地區，為難以出門、很少和外界聯繫的農民提供了產品銷路，卻沒有擴展到航運碼頭城鎮，到商貿活躍的人群中去競爭。陳泰的經濟網絡僅限於他自身的生意，更沒有形成一定的政治影響力，雖然在一定程度上促進了當地麻布的生產與銷售，然而絲毫沒有脫離原有的窠臼，自生自滅。撫州知州王曉、樂安知縣張松，只審理了曾小六殺人命案，對陳泰的麻布經營事業絲毫沒有理睬。當然，這不能歸咎王、張二位官員，宋朝的制度就是只管收稅，不問其他。

二　商貿地域與商人的欺詐行為

江西商人外出經商的地域，依商品流向而自然發展，形成全方位輻射態勢。

米商，主要走向長江下游地區。建康府幾十萬居民的口糧，全靠上游產糧區供應，「客人多自江西、湖南運斛斗」。江西大米也接濟兩浙路。紹興十四年浙中饑荒，「江西諸處客販俱來，所全活者不可勝計」。吉州、贛州的稻米也運銷荊湖。徽州居民口糧緊缺，仰賴鄱陽湖區補給。

瓷器商人，經營地域很廣，浙之東西，江湖川廣大地，以及兩淮一帶，都暢銷景德鎮瓷器。

茶商，將名品茶運銷臨安官貴，中下品茶銷往荊湖，乃至金湖統治區。

江州魚苗商人，東至浙江衢州、婺州，東南至福建福州、建州。

布商，在嶺南有傳統優勢。陳泰的購銷網絡，是在撫州、吉州地域的經營，未涉及江西以外的市場。吉州、贛州的一些商人會到兩廣去興販貨物，或將本地的土布販出去賣。隆興二年（1164）廣西賀州知州秦某上奏說：「贛、吉、全、道、賀州及靜江府居民，常往來南州等處，興販物貨，其間多有打造兵器，出界貨賣者」[135]。這位知州瞭解的情況，不僅是贛、吉商人在廣西經商，甚至還把生意做出國界。

吉州、贛州商人向嶺南發展是持久性的。嘉定七年（1214）二月，廣西轉運判官陳孔碩奏言：「二廣州郡收販牛稅，其來久矣。近因漕臣有請，始躅罷之。然贛、吉之民，每遇農畢，即相約入南販牛，謂之『作冬』，初亦將些小土布前去博買」[136]長期存在的這種賣布買牛貿易，不僅滿足了二廣民眾的需求，對吉、贛地區的紡織業、耕種業的發展都有利。饒州樂平生產的紗、布、絹，也有商人銷往荊湖地方，例如樂平流槎商人金伯

135 《宋會要輯稿》，刑法二之一五六。
136 《宋會要輯稿》，食貨一八之二六。

虎，與其親友餘暉一道，「攜紗如襄陽販售。」[137]

商業貿易中的欺詐行為很多，令世人厭惡，故而有「無商不奸」的民諺。當貪求利潤的慾望不受控制時，各種不誠信的奸商行為就見諸市場，如販米而加以水，賣鹽而雜以灰，賣漆而和以油，賣藥而易以他物。官府對諸如此類欺詐貿易沒有行政制約條令，只見士大夫個人的說教，他們從天理良心的道德追求、從善惡報應的精神警戒中進行勸導。約紹興三十年（1160），撫州知州張孝祥見人賣假藥，遂出榜禁戒，以積陰德，獲福報，賣假藥，受橫禍的事例，勸人自省，他說：

陶隱居、孫真人因《本草》、《千金方》濟物利生，多積陰德，名在列仙。自此以來，行醫貨藥，誠心救人，獲福報者甚眾……又曾眼見貨賣假藥者，其初積得些小家業，自謂得計，不知冥冥之中，自家合得祿料，都被減克，或自身多有橫禍，或子孫非理破蕩，致有遭天火、被雷震者。蓋緣贖藥之人多是疾病急切，將錢告求賣藥之家，孝弟順孫，只望一服見效，卻被假藥誤丈，非唯無益，反致損傷。尋常誤殺一飛禽走獸，猶有因果，況萬物之中，人命最重，無辜被禍，其痛何窮！[138]

---

137 洪邁：《夷堅志》，三補，《夢前妻相責》。

138 張孝祥：《於湖居士文集》，附《禁榜》。原註：「詞多更不盡載」。上海古籍出版社一九八〇年版，第 404 頁。張孝祥知撫州具體年份待考。他紹興二十四年廷試第一，授官兩任後遷起居舍人，權中書舍人，而後出知撫州。孝宗即位，除集英殿修撰、知平江軍。所以，推定他為撫州知州在紹興三十年前後。

以因果報應、積德行善的觀念勸人自省，從思想動機上解決賣假藥者對錢財的追求慾望，是道德教育的手段，對頑劣者難起作用，缺少行政法制的懲罰，沒有「以刑弼德」，其效果不會顯著。

淳熙年間，袁采也是從天理良心層面勸誘說：「如販米而加以水，賣鹽而雜以灰，賣漆而和以油，賣藥而易以他物，只物顧眼前獲利，而不知造物者隨即以他事取去，終於貧乏。」他告誡商家「轉販經營，須是先存心地，凡物貨必真」，「又須不敢貪求厚利」。袁采對承包坊場、造酒專賣的人特別警告說：

至於買撲坊場之人，尤當如此，造酒必極醇厚精潔，則私酤之家自然難售。其間或有私醞，必審止絕之術，不欲挾此打破人家。朝夕存念止欲趁辦官課，養育孥累，不可妄求厚積，及計會司案，拖賴官錢。若命運亨通，則自能富厚，不然亦不致破蕩，請以應開坊之人觀之[139]。

按官府政策，凡買撲（即承包）坊場，只需交納定額的官課，如何經營全由自己。坊場中釀酒由官府禁榷，不許民戶私釀。因此，買撲者所造的「官酒」是否醇厚精潔，就是獲利多少的關鍵。奸詐的買撲者這邊只想著把酒造得更稀薄，又以禁榷來「打破」私釀；那邊則窺探主管衙門的疏漏，拖賴官課。袁采要買撲者以「開坊之人」，即作坊主，作為自己的榜樣。

---

139 袁采：《袁氏世范》，卷下。

三　商稅的徵收

商稅徵收的常規是，行商征「過稅」，每千錢算二十；店鋪征「住稅」，每千錢算三十。徵稅機構，凡州縣皆設稅務，有的關鎮也設；大稅務專官監臨，小的由令、佐兼領。官府將應納稅的貨物名目公布，凡藏匿而被捕獲，沒收三分之一，以其中一半賞捕者。販賣而不走官路的有罪。若有官府需要的十取其一，叫做「抽稅」。南宋的苛徵雜稅增多，征商日益苛暴：「貪吏並緣，苛取百出，私立稅場，算及緡錢、斗米、束薪、菜茹之屬，擅用稽察措置，添置專欄收檢。圩市有稅，空舟有稅。……甚者貧民貿易瑣細於村落，指為漏稅，輒以加罪。空身行旅，亦白取百金，方紓路避之，則攔截叫呼；或有貨物，則抽分給賞，斷罪倍輸，倒囊而歸矣。聞者咨嗟，指為大小法場」，把民眾當作仇敵，「其弊有不可勝言矣」。[140]

江西的商稅，有貿易量增大而增加的一面，更有增多稅場，苛重徵收的一面。鄱陽縣至樂平縣之間，「相去一百二十里，三稅，委是頻並」。朝廷曾下令裁罷一些林立的稅卡，而地方官陽奉陰違，情況並未改善，「訪聞臨江軍管下新淦縣稅場，自住罷去後，依前收稅」。有些地方額外多收，「沿江一帶稅務，比年以來額外招收欄頭，私置草歷，非禮邀阻，欺隱作弊」，刁難的手段多種多樣，如指食米為酒米，指衣服為布帛，——食米、衣服都可以不納稅；空船則多收力勝，——計所載之多寡以稅其

---

140 《宋史》，卷一八六，《食貨下八》。

舟；行裝則以為興販；舟中本無重貨便謂之虛喝；宜徵百金先拋千金之數，謂之花數；……「蘄（州）之蘄陽，江（州）之湖口，池（州）之雁汊稅務，號為大小法場」。[141]湖口等幾個稅務顯然是勒索敲詐特別厲害，徵稅太重，故被形容為殺人之地。

稅場如法場，徵稅像殺人，為何禁而不止？其間原因很多。首先是朝廷要得多，州縣以及各個稅務必然多方加徵。紹興三十二年（1162），朝中官僚上言：「州縣比年以來多因課額不敷，遣人於三二十里之外，拘攔稅物，欲避創置（稅場）之名，乃曰發關引所」。發放「關引」之所，即是專門給商賈發放過往或購買商品的公文，以此收取若干費用，這與徵稅沒有實質差別。但既然只有「商稅務」之名，則「關引所」便有公然存在的藉口。

其次是官吏中飽私囊。江州湖口等號為「法場」的稅務，徵收的高額稅款之中，「利歸公家十無二三，而為官吏所竊取者過半矣」。朝廷多要，官吏多貪，上下通同作弊，稅額怎能不提高。

第三是豪強從中掠奪。各處的稅場多由當地豪強承包（買撲），官府只考慮得到額定的稅款，至於實際徵收多少，以什麼手段徵收，全憑承包者處置。乾道九年（1173）十一月二十三日詔令說：饒州稅場，「皆是大姓豪戶買撲，邀截民旅」，使商家、居民都受害。[142]

141 《宋會要輯稿》，食貨十七之四十至四一。
142 《宋會要輯稿》，食貨十八之七。

　　稅場的多少，既是商貿繁盛的一種反映，也表示出徵稅煩苛的鬆緊程度。淳熙十四年（1187）八月十三日，淮西總領趙汝誼上奏，論及江西、湖南北之米運銷江東、兩浙旱災地區遇到的阻礙，特別指出：「額外增置場務，初以收各州土產物貨住稅為額，而馴至收客旅往來之稅，如潭州之橋口，隆興府之樵舍，江州之湖口，和州之施團，以類是也，行旅之人受重徵苛取之苦，無所赴訴」**143**。由向商店徵「住稅」，發展為過往客旅也要徵收「過稅」，其間應該是有市場交易和過往運輸兩者俱盛的事實，然而導致「行旅之人受重徵苛取之苦」，就不利於商貿健康發展。趙汝誼點到的四個重災稅場，都是航運商貿碼頭，其中江西占了一半。樵舍，在新建縣東北部，是贛江下游即將進入鄱陽湖的一個碼頭，同時是農副產品交易和集散的中心之一。

　　宋朝對糧食進入市場，轉化為商品糧，堅持實行不徵稅政策。這一方面是為了漕糧充足，保證京師軍民的口糧供應，使「至急至重」的大政不出危機；另一方面也是調劑餘缺，便於賑濟災區的有效措施。為此始終允許漕船攜帶少量的其他貨物，免稅過關，藉以激勵船民參與漕糧運輸的積極性。於是押綱官吏借此興販，操舟船民也隨宜帶貨，成了物貨流通中的重要渠道，對沿線地區的商貿經濟發展有利。紹興十五年（1145）八月十三日，高宗對宰執們說：「天下之物，有不當稅者甚多，如牛、米、柴、面之類是也。」秦檜回答：「去歲浙中艱食，陛下令不

143 《宋會輯稿》，食貨十八之十五。

收米稅，故江西諸處客飯俱來，所全活者不可勝計」**144**。正是有米麥免稅的政策背景，所以關卡敲詐的手段之一，即是將食米指為釀酒之米。反之，偷漏稅收的奸商，也會以酒米冒充食米矇騙過關。衡量輕重之後，糧食免稅的政策還是繼續。孝宗淳熙元年（1174）十一月詔：「米、面、柴、炭、油皆系民間日用之物，並已免稅，訪聞州縣稅務巧作名色，收納稅錢，及將木炭抽解。令戶部行下諸路轉運司約束，違者按治，仍許客人越訴」。第二年閏九月十八日，再就荊湖、江西糧食運銷下江之事，「詔湖南北、江西漕司行下沿江州軍，出榜曉諭客人，有願販米往淮東者，即經州軍陳乞出給公據，沿路照驗放行，如稅務妄作名色，非理阻節，即行覺察核治，仍許客人越訴」。**145**鼓勵販運米穀往淮東，是從軍食供應方面考慮。

這些糧食免稅的詔令，總是責怪州縣稅務巧作名色，聲言「違者按治」，然而一遍又一遍，依舊是老樣子，這就意味著米、面、柴、炭、油等民間日用物品，實際是要納稅的。這種表面免徵之下的亂徵，不僅不能使糧食商品交易的渠道暢通，也不能從商稅的總額中看出商品糧所占的份額。

四　撫州的茶課、鹽課、稅課

在《宋會要輯稿》食貨門，轉錄了南宋《撫州志》中的稅課

144　《宋會要輯稿》，食貨十七之三八。
145　《宋會要輯稿》，食貨十八之八。

資料，不僅是撫州賦稅的具體統計數據，還可以窺見江西，乃至南宋相關政策實施的大致情形。它在制度上承載了北宋至南宋的賦稅政策沿革，可以得到一個發展脈絡印象。這份南宋地方誌資料雖然只是片斷，然而在江西是唯獨僅有，殊為珍貴，特抄錄原文於下：

撫州一務，歲額一萬二千八百二十六貫文。

茶課：朝省舊買散茶每斤二十九文，熙寧十年（1077）為額歲十萬三千五十四斤。又昔嘗詔六榷貨務，其真州務賣撫州散茶每斤六十一文。淳化四年（993）二月詔，廢沿江榷務茶商，並於出茶處市之，自江以南免其算，至七月詔「仍舊」。宣和中（1119-1125），招誘商販，不復科買。紹興二十六年（1156）正月，提舉茶同承受。行在都茶場每上下半年降到短引二百六十六道，計錢六千二百二十九貫四百五十四文；就招商鋪請販，拘價起發。歲終將趁到數目，與本路州軍比較增虧，取旨賞罰。歲無定額。淳熙四年（1177），州總趁到起引茶三千五百斤，住賣茶九千七十斤。

鹽課：熙寧十年為額，在城八萬九百七十六貫三百六十九文。太平興國二年（977）二月，三司建議江南十五州軍並於建安軍請鹽。宣和中不復搬請，至今招誘販鬻。在州總計鹽三百六十五萬三千八百斤。

城下務，各同場。

臨川縣，合趁住賣鹽一百七十六萬一千九百斤。

崇仁縣，八十九萬一千六百斤。

宜黃縣，二十八萬八百斤。

金溪縣，四十五萬七千八百斤。

樂安縣，二十六萬一千七百斤。

鹽場在州東南。元祐間（1086-1094）出會子與民間請鹽以折和買，崇寧中（1102-1106）廢。

稅課：是邦亦舟車之會，徵稅之入非不足也，大率皆蠶食於賤夫，其歸於府帑者寡矣。倘盡其入，則為患益深，寧薄其責，庶商旅皆願行於途。

在城、金溪二務，一萬一千六百六貫。

熙寧在城、崇仁、宜黃、金溪四務，二萬一百三十貫有奇。紹興置樂安，共五務，四萬一千四百一貫有奇。

上面轉抄的《撫州志》文字，從所記淳熙四年茶課的事實可知，該志成書的年代，上限不會早於孝宗淳熙，下限不應晚於光宗紹熙，換句話說，該是淳熙年間修纂的[146]。在現有的研究中，

---

146 《宋史》藝文志地理類，記有「張貴謨《臨汝圖志》十五卷」，但未說這部志書的年代。另有「童宗說《旴江志》十卷，姜得平又《續志》十卷」，照通沿理俯這應是記建呂軍的，不會寫到撫州境內，故不能算撫州的志書。黎傳紀、易平《江西方志通考》卷七撫州地區中說；「宋修郡志之可考者，有《祥符（撫州）圖經》、浮熙《臨川志》、《臨汝志》、《撫州志》、嘉泰《臨汝圖志》、嘉定《臨川圖志》、鹹浮《臨川志》諸種」（見黃山書補 1998 年版，第 538 頁）。從排列次序看，這七部書中第一部為北宋修，其後六部均為南宋修。由此看來，《宋會要輯稿》上標汪的《撫州志》，有可能即是淳熙年間編葆的第三部。不過，黎、易二位著者

這些資料還沒有被注意到。

這份稅課資料文字不多，涵蓋的內容不簡單。試作分析如次：

第一行「撫州一務……」，因無上文，不知該務是何種稅務。

茶課。前半段北宋的事實中，首先讓我們知道了官府的收購價和出賣價高低差別懸殊。其次，熙寧十年交上的茶額達到十點三萬餘斤，比後來的同類統計數明顯高出許多。再次，官府的茶葉政策在榷賣與通商兩者之間幾次變更。

後半段南宋部分，第一句「提舉茶，同承受」，指榷茶官員的職權和「承受」等同。承受，是「承受官」的簡稱，承受官為差遣[147]官名，由內侍官充任，其職掌為「承受與進呈」相關的文書及應辦之事務。提舉茶，全稱「提舉茶鹽司」，職掌「摘山煮海之利，以佐國用」。為強化其權威，有效地控制財利，提舉官也是監司，對州縣官有考核之權。[148]第二、三句表明了榷茶的操作制度。在臨安的都茶場每年兩次撥下「茶引」，在商鋪發賣，收得的錢統歸上交。只給撫州茶短引，意味著撫州茶銷售地域比較狹小。二六六道短引，計錢六二二九貫四五四文，平均每引約

---

147 《文獻通考》，職官考一《官制總序》：宋代「官人授受之別，則有官、有職、有差遣。官以寓祿秩、敘位著，職以待文學之選，而差遣以治內外之事」。差遣官，是實際任事者，其官品高低，因人而異。

148 《宋史》，卷一六七《職官七》：「茶鹽司置官提舉，本以給賣鈔引，通商阜財，時詣所部州縣巡歷覺察，禁止私販，按劾不法。」

二三點四二貫。上下半年各一次，全年則為五三二道，計錢一二四五八貫九〇八文。這些茶引能否全部賣出，關係著朝廷的收入，於是提舉官歲終要在本路（江南西路）各州軍之間評比考核，上報朝廷，對州縣官實施賞罰。末一句是淳熙四年撫州全年的茶產量，「總趁到起引茶三千五百斤，住賣茶九千七十斤」。所謂「起引茶」是都茶場降下的「茶引」所應交付的茶，「住賣茶」則是在本地出賣的茶。「起引茶」三五〇〇斤，這個數額和本書上一章寫出的乾道年間茶產額三六〇〇斤極為接近；「住賣茶」為九〇七〇斤，是前者的二點五九倍，說明撫州出產的茶主要供本地民戶飲用，外銷不多，市場聲譽不大。這裡還有一點值得注意，既然有「起引茶」和「住賣茶」之別，考察一個產茶地的產量就該是二者之和，但在其他文書中未見這樣細分的資料，故而過去我們考察的茶產量，極有可能只是「起引茶」的數額，在當地分散銷售的茶葉沒有反映出來。

本書前一章的紹興三十二年茶產量表中，「撫州（臨川、崇仁、宜黃、金溪）二一七二六斤十二兩四錢」，這裡沒有記錄。

鹽課，此項的內容比較具體。這裡的「熙寧十年額……」，和我在《江西史稿》北宋《江西各地鹽課表》（1993 年版第 343 頁)所記撫州「在城」項下的八〇九七六貫三六九文，完全相同。南宋部分則記下了食鹽的撫州總斤數，以及五縣的分計斤數，總計數與分計數相符。其中「城下務」沒有數額，只寫了「各同場」三字，當是撫州城內的份額合在臨川縣一起記錄，故而臨川縣的數額特別大，約為崇仁縣的二倍。

稅課：是徵收的商稅。編纂者寫的評語很深刻，具有普遍性

借鑑意義。它指出「是邦亦舟車之會，徵稅之入非不足也，大率皆蠹食於賤夫，其歸於府帑者寡矣」。撫州也是商貿之地，徵得的商稅本應很多，但大都被賤夫蠹食了。這個「賤夫」，顯然是貪酷的官吏。對這樣的弊政，編纂者不是期待剗除，而是看得更深一層，說「倘盡其入，則為患益深，寧薄其責，庶商旅皆願行於途」。這是最值得讀者深思的社會問題。

具體數額，有北宋、南宋兩組，北宋神宗熙寧年間的在城、崇仁、宜黃、金溪四務，共計二〇一三〇貫餘，平均每務五〇三二貫餘。南宋紹興十九年（1149）增加了樂安縣，共有五務，合計四一四〇一貫餘，平均每務八二八〇貫餘，是前者的一點六四倍。在正常狀態下，商稅的增減與市場貿易的興旺程度成正比，撫州商稅的上升，是其商品經濟得到發展的一個證明。

五 酒稅的徵收與坊場撲買

1. 榷酒

從北宋開始「榷酒」，對酒實行專賣，各地普遍設置酒務，釀酒、賣酒。各酒務派官監臨，賣酒所得收益，是朝廷的一項重要財政收入，「漕計百色之費，唯仰酒稅課利」。州縣的酒務，差調強壯廂軍充當雜役，凡賣酒額三萬貫以上二十八名廂軍，以下十五名。酒稅的稅率，自徽宗崇寧以後多次提高，又添收諸司錢，一併「收兌上供」。南宋紹興五年（1135）江南東路轉運判官俞俊說：兩浙路的酒稅增加「幾及一半」，江東路「亦近三分之一」。由於官民普遍飲酒，銷售的酒量大，收得的稅款很多，因而弊端叢生，議論紛繁。但各州縣的酒稅務名稱、重要時期的

酒稅數額等檔案資料，卻未見到。現就一些相關議論，綜述大致情況如下。

紹興四年四月十二日，江西轉運司奏言：

漕計百色之費，唯仰酒稅課利。比年以來，州軍多以應付軍期為名，一面擅置比較酒務、回易庫，將漕計錢物取撥充本，又於諸城門增置稅務，所收課息並不分隸諸司。乞下諸路，除帥司措置贍軍外，其餘州郡自行創置比較酒務並回易庫，及添置逐門收稅去處，合趁額課併入漕計。從之。[149]

在戰事頻繁的建炎、紹興年代，軍費劇增，來錢快的酒稅自然就要「應付軍期」，而且要增置酒稅務，盡量多徵收。但這就與「漕計」即總體上的財政發生矛盾，因而以應付軍期為名的酒務要實行限制。於是分別為帥司掌管的贍軍酒務，和轉運司掌管的酒務兩類。「比較酒務」，是在原有酒務之外，增設的新酒務，藉以比較兩者所得酒稅多寡，以資考核。乾道九年（1173）范成大在南昌滕王閣，只見「故基甚侈，今但於城上作大堂耳，榷酤又藉以賣酒」。這時的滕王閣本身不存在，地基上一間大堂是榷酤賣酒的場所。滕王閣位於贛江碼頭，過往商旅多，故而在此處榷酤，出賣官酒，增加酒稅收入。

壟斷酒稅，應付軍費開支，這只是一個方面。高宗皇宮內

149 《宋會要輯稿》，食貨四九之四二。

廷，也在釀酒出賣，聚斂錢財。紹興二十九年（1159），吏部尚書張燾說：「禁中既有內酒庫，釀殊勝，酤賣其餘，頗侵大農」[150]。可見賣酒利潤之大，朝廷與皇帝斂財之急切。

在酒稅提高之時，出現強制攤派。饒州官府榷酤賣酒，另外「別置比較務，科定人戶納錢。收錢既多，因亦妄用，民不堪之」。別設一個酒稅務，本意是和原來的酒稅務比較，看哪一個經營得好，收到的稅更多。饒州這個比較酒務卻是「科定人戶納錢」，成了強迫徵稅酒務。由於攤派到的錢官吏侵吞「妄用」了，紹興六年（1136）十二月下令：「諸路酒務不得強行科率人戶納錢」。這條禁令執行的效果很有限，到了孝宗以後，仍然存在類似弊害。乾道五年（1169）三月六日，提舉江南東路常平茶鹽公事翟絨上奏：「饒、信兩州諸縣多醞私酒，善於鄉村置立拘戶，抑勒鄉人沽買錢，每月三二百文，騷擾人民，攘奪常平坊場課利」。[151]

隆興府進賢縣土坊鎮的所謂「酒稅」更惡劣。端平元年（1234），江西轉運副使兼知隆興府吳潛上奏說：土坊鎮「居民不滿數十，商旅稀少，強名曰鎮，而有酒稅務一所」，一年的酒稅達二千多緡，但這都不是買了酒，而是強制白攤得來，「所謂酒者，初無釀造，亦無發賣，繫於鎮戶量其家第之高下，抑令納錢，一戶或四五十文，或三二十文，或七八文，以是為月解，歲

150　《宋史》，卷三八二，《張燾傳》。
151　《宋會要輯稿》，食貨二一之八。

亦不過千數百緡而已」。還不只是憑空攤派，「本鎮卻有酒稅官一名，專欄數輩，惡少爪牙數十人，皆蠶食於數十戶之市民，甚則羅織村氓，攘奪商旅，又甚則攔截客舟於二三十里之外」[152]。這種酒稅官操縱下的公然搶劫，竟然橫行無忌，完全是吏治腐敗的一個惡果，然而他們有為朝廷「別求課利」的藉口。

吉州泰和縣鄉村設置的酒坊，向村民攤酒，打門索錢，寧宗嘉泰元年（1201）泰和知縣趙嘉言不忍農民被勒索，下令「停鄉村酒坊，代輸其課」。周必大讚揚趙知縣之舉，賦詩曰：

攤酒催錢吏打門，那堪嫁娶畫朱陳。稍捐官府秋毫利，散作鄉村浩蕩春。[153]

官酒價高味淡，人們不願買，官紳之家自有佳釀，禁榷只是限制了釀酒業進入市場貿易。楊萬里家釀的米酒，有醇厚濃香的「金盤露」，酒性厲害（酒精度高）的「椒花雨」兩種，他任官外地要從廬陵送酒過去。在常州知州任上，他飲過自家酒之後得意地說：

老妻知我憎官壺，還家小槽壓真珠。江西擔取來西湖，遣我

152 吳潛：《許國公奏議》，卷三，《奏乞廢隆興府進賢縣土坊鎮以免抑納酒稅害民滋擾》。
153 周必大：《文忠集》，卷四三，《太和宰趙嘉言汝謨造大舟付諸渡，又停鄉村酒坊，代輸其課。繪二圖，各題小詩》之二。

醉倒不要扶。更攜數尊往淮上，要誇親舊嘗家釀。[154]

　　贛州的地理條件不同，山林茂密，春夏潮濕，瘴氣重而夏季作物少，所以「贛故無夏稅、酒課，官府百需，取辦科罰」[155]。在榷酤制度中網開一面，允許贛州、福建、廣東等瘴氣嚴重地區，民戶可以自造服藥酒。但是，建炎四年（1130），護衛隆祐太后至虔州的軍隊，在當地造酒謀利，不受定額限制，引得其他州縣也跟著搞。幾年之後，虔州酒務的酒賣不出去，收入不夠支付監管官吏和匠人的開支，於是江南西路轉運司言：「州縣通放萬戶造酒去處，於建炎四年內因從衛一行官兵，在虔州日權置酒務沽賣。系一時措（置），沽賣即不立額。今來所收課利，不償監專作匠等人請給之費，委是虛占官吏，枉費財用，乞行住罷。從之」。[156]

　　虔州的酒務罷去了，民戶依舊自造服藥酒。然而不少貧苦者無力造酒，只能在富戶家買一點，於是「榷酤之利，盡歸豪戶」。這樣，贛州等地自造服藥酒的政策，讓官府痛感這些地區的酒利流失，必須控制。孝宗時期制定出一條稅制：造服藥酒之家必須先納稅，後出賣。乾道三年（1167）十二月十二日，官僚建議：

---

154 楊萬里：《誠齋集》，卷二九，《賦金盤露椒花雨（吾家酒名，敷腴者曰金盤露，芳烈者曰椒花雨）》。

155 周必大：《文忠集》，卷七七，《二戴君墓碣》。

156 《宋會要輯稿》，食貨二一之一三。

贛州並福建、廣南路等處，以煙瘴之地，許民間自造服藥酒以御煙瘴，謂之「萬戶酒」。小民無力醞造，榷酤之利，盡歸豪戶。乞將應造酒之家，將所造之酒，經官稅畢，然後出賣。仍將稅錢椿發行在，戶部看詳。逐州風俗不同，又事幹財計，乞下江南西、福建、廣南東西路轉運司，從長相度。從之。[157]

　　此後，贛州有了酒稅，但不是榷酤而得的，而是造酒賣的人戶交納的稅，在官府專賣禁網中開了一個缺口，釀酒業進入商戶自由貨賣的市場。

2. 公使庫酒

　　公使庫酒指供應軍隊、州縣官府消耗的米酒。宋朝在地方設置公使庫，職掌造酒，供犒賞以及官府宴會之需。初時的規定很嚴格，公使酒不得分送本州官吏，也不能在社會上出賣。造酒所用糯米，全由民戶交納，其數額多數州軍為每月給三石，江西地區為饒、信、江、洪、撫、虔、吉、筠、袁等州；少數州軍每月一石，江西為建昌軍。如果公使庫不造酒，可以用公使錢僱人造酒，「每百貫許造米十石」。到了南宋，公使庫酒不僅是犒賞以及宴會時飲用，演變為官員的一項收入，「有支現錢，有支本色（按，指酒），或作分數雜支」。不僅如此，還成了苛剝民眾的大項目，貪官污吏藉機增添所得的份額，加多公使庫造酒數量，「糴米則分配縣鎮，輸送有輦致之勞，受納有邀索、交量之虐，

第六章・手工業、商業的變化發展

弊端百出」，致使兵民憤疾。紹興四年（1134）九月十五日朝廷的敕文承認：「諸州公使庫歲用造酒糯米，名曰和糴，實皆抑配。訪聞又托以準備為名，不循年例，倍有科斂。」[158]

孝宗隆興二年（1164），朝堂上對公使庫酒的支用辦法又一次進行討論。此前已經下達指揮：「諸州公庫合支現任官，供給只許支酒，其違者以違制論」。但官僚們反對，孝宗無法堅持「只許支酒」的決定，同意回覆到按照官員品級高低，分別供給現錢，或本色（酒），或現錢、酒各給若干的舊辦法。公使庫酒原本就是供官僚享用的福利，自然會演變為俸祿的一部分。但是，既然發給實物（酒），飲用不完就免不了流入市場，而且公使庫自身就將所造之酒出賣，與酒稅務爭利。

淳熙三年（1176）八月十二日重申公使庫酒不許出賣，「詔諸路帥臣，並統兵官司，將造酒只得自供食用，並饋遺官屬，即不得過數醞造，違法出賣，侵耗國課」。從開始的「於法不許賣酒」，到多次的禁止「違法出賣」，實際上是公使庫一旦設置，就存在「侵奪場務課額」的事實。專賣與市場交易，朝廷國課與官僚私利，始終存在矛盾爭鬥，此消彼長，不可避免。

公使庫醞酒糯米，是單列的稅目，由農民交納，而所醞之酒既發給官僚、軍隊享用，又投入市場出賣，這就一箭雙鵰，既增加了田賦，又再通過賣酒刮得民財。

3.撲買坊場

---

158 《宋會要輯稿》，食貨二一之二十。

在城市有商貿市場，州縣以下有鎮，這些鎮不再是軍事性的防守據點，而是商貿經濟活動興盛的中心地，即「民聚不成縣而有稅者，則為鎮」。在鄉村也興起一批初級的集市，民間稱為圩場，或圩市。分布各地的市場交易，有的每天開市，一般是上午聚集，中午以後散去；有的三天一集，與周圍的圩場相互間隔，我一四七，你二五八，他三六九，肩挑小販來回販賣，天天有生意可作。買賣的物品中以農副產物占主要，遠地運輸而來的手工業商品相對少一些。市場覆蓋面較小的圩場，參與者多半是附近的農民。政府對人口聚集並定居者多，貨物交易量大的圩場，就可能設鎮，設監鎮官，職掌「巡邏、盜竊及火禁之事；兼徵稅、榷酤，則掌其出納會計」[159]。為了有效地徵收到圩場的交易稅，州縣官府確定一個稅額，讓當地豪強大戶「買撲」，也就是承包，讓豪強去徵收零散的交易稅款，官府從承包者手中穩拿既定的稅款。豪強得到這個地區的管理商貿、賣酒、收稅的特權，藉以為自己謀利。紹興三十一年（1161）十月戶部言：

諸路州縣人戶買撲坊場，並系豪右有力之家，其兩浙、江東西、湖南北總計一界合納淨利錢三百八十萬餘貫。今來軍興調發，官兵合用激賞錢物萬數。至今相度：欲除認發納（內？）藏庫年額錢外，餘數乞令浙東西、江東西、湖南北路常平司，依例預借一界淨利錢以助軍興支用，仍責令限半月先次先納，計綱起

---

159 馬端臨：《文獻通考》，職官考卷十一。

發，內兩浙赴左藏庫，江東西赴建康總領所，湖南北赴鄂州總領
所下卸椿備，合用水腳於所起發錢內支破，其不通水路州縣許□
買賣發納。從之。

　　江南這幾個地方的坊場稅，一界即達三八〇萬餘貫淨利，可
見不少。南宋朝廷對這筆收入十分看重，定作軍費支用，而且還
要「預借一界」，足見坊場錢在財政上的重要性。向買撲者預
借，實際上就是今年徵收明年的稅，沒有交易先交稅，毫無道
理。不久，中書門下言：「昨戶部申請依例預借州縣人戶買撲坊
場一界淨利錢，切慮擾民，理宜措置」。經這一提醒，朝廷於是
下令：「戶部行下諸路提舉常平司，將已納到預借坊場錢，日下
起發，未其（起?）納之數更不拘借」。[160]

　　官府設想是坊場稅款有保證，又可以提前支取（預借），故
而「買撲」者需豪富之家。但是豪富們不會甘心吃虧，總要設法
轉嫁到民戶頭上，最終是加重農民負擔。官府的「預借」行為經
常有，被預借的還有河渡錢，民眾對此十分警惕，怕變成多次徵
稅或加稅，提出要以所借之錢抵消舊欠，或充當「今界」即未交
之數。紹興三十二年（1162）四月，提舉江南東路常平茶鹽公事
洪适言：

　　近來人戶詞狀有乞將已納過預借坊場錢，銷拆舊欠，及理合

---

160 《宋會輯稿》，食貨二一之十五。

今界錢數者。伏見朝廷既是住借，即已借過錢物自是理充今界之數，只緣未有明降指揮，致州縣之吏得已藉口邀阻。又州縣間亦有例借過河渡錢者，欲乞朝廷行下諸路，將已借過坊場或河渡錢，並與鈔折舊欠，並理今界當限之數。

戶部支持洪适的建議，希望「行下諸路提舉常平司，將已預借過人戶坊場或河渡錢，並與銷折舊欠，並理合今界當限錢數」[161]。這次的建議獲得批准，避免了一次勒索。對於「預借」之舉，並沒有限制，此後遇到需要，仍然有預借的徵取。

六　田產交易契約與牙人

1. 契約與利率

宋代，尤其是南宋，市場經濟已經占據統治地位。社會總體狀況是：「貧富無定勢，田宅無定主。有錢則買，無錢則賣」。田地、房屋、山場等不動產業都可自由買賣，買家和賣家雙方立定契約，經過官府檢驗，收取堪合錢，加蓋騎縫官印，過割「稅苗」──田賦，就是合法交易。交了錢，蓋了官印的契約稱「紅契」，沒有交錢蓋印的稱「白契」，白契即為私契，不合法。勘合錢，紹興十一年（1141）正月令：「人戶典買田宅，每百收勘合錢十文，如願以金銀絹帛准折者，聽從便，依在市實直定

---

161 《宋會要輯稿》，食貨二一之十五。

價」。[162]契約是產權的憑證，交易之中出現爭端，「官司定奪，只憑契約」。社會公認的規矩是：「民訟各據道理，交易各憑干照」，干照，即是契約。凡置買產業，皆須憑上手干照。

為了「合法」掠奪別人產業，欺騙對方，在契約上舞弊，是兼併財產的基本手段。其方式多樣，例如田地交易，必須寫明號數、畝步，而存心作弊者書寫契約時，或濃淡其墨跡，或異同其筆畫，或隱匿其產數，或變異其土名，或漏落差舛其步畝四至，或於別紙割取押字，粘補而欺罔等。被騙之人，或相信太過，失於點檢；或不識字，不能親書契紙，請人代寫。及到發現不對，訴訟之時，「官司又但知有憐貧扶弱之說，不復契勘其真非真是，致定奪不當，詞訴不絕」。[163]例如饒州潘彝，買桂仔貴荒田，後來桂仔貴備錢贖回，但是潘彝「乃撰造淳祐三年買仔貴田契」，昏賴桂氏。

買賣中有典、賣兩種。典也稱活賣，即在約定的年限期滿，可以贖回。賣即永賣，既賣便賣斷，不可收贖。由於典可以贖回，所以法律規定：「典田宅者，皆為合同契，錢、業主各取其一」。合同契不光是使用在田宅交易中，到質庫（典當鋪）典衣物，得錢不多，也要「憑帖子收贖」，如果丟失帖子，衣物便無可贖之理。典買的期限，不能太長，官府規定：典買田宅經二十年，而訴典買不平者，不得受理。一般鄉民或因銀錢短缺，權且

---

162 《名公書判清明集》，卷四，《漕司送下互爭田產》。
163 《名公書判清明集》，卷五，《物業垂盡賣人故作交加》。

把田地立契典當於有力之家，約日還錢取契贖回，但富者多懷貪圖私心，將典契逕作賣契交易，主動去官府納稅，混認所典之田為己物。

田地作為最基本的生產資料，人們極為看重耕地有無。耕地可以出租，於是有使用權和所有權的區別，在土地交易中便分化出只買賣使用權，或將所有權一起買賣。相應的田皮（使用權）、田骨（所有權）名稱也跟著出現。在南宋的文獻資料中，已見「田骨」一詞。劉克莊《都昌縣申汪俊達孫汪公禮訴產事》稱：「俊達既無親的子孫，則當來賣田骨以葬三喪……所賣田骨係為乃祖掩骸」[164]。同樣的行情在福建建陽等地也存在，出典之田，原主如果「不與斷骨」，即合聽出典人「備原典錢取贖」[165]。土地使用權與所有權分離，獲得使用權的農戶為求增加單位面積產量，勢必加強田間管理，改良作物品種，盡量精耕細作，提高效益，在總體上有利於農耕經濟的發展。

錢谷借貸利率，在南宋中期已經很高。社會的價值觀念是，「假貸錢谷，責令還息，正是貧富相資，不可闕者」。淳熙六年（1179），袁采告訴世人，以中等利息率論，專營借貸的「質庫」，「月息自二分至四分」，如果貸錢，「月息自三分至五分，「貸谷以一熟論，自三分至五分」，認為「取之不為虐，還者亦

164 劉克莊：《後村先生大全集》，附錄卷二。
165 《名公書判清明集》，卷九，《典主如不願斷骨，合還業主收贖》。中華書局一九八七年版，第 321 頁。

可無詞」。至於典當，利息更低，開典當行的人家，有的月息是十而取一。

但是，有些地方的債主就不仁慈了，袁采繼續說：「江西有借錢約一年償還，而作合子立約者（謂借一貫文，約還兩貫文）；衢之開化借一秤禾而取兩秤；浙西上戶借一石米而收一石八斗，皆不仁之甚」。[166] 袁采寫出的利息比率，是難得的社會經濟資料。然而兩組利率中，前者評為「取之不為虐」，後者卻評為「不仁之甚」，卻不好理解。

所謂「合子」，即本與利（子）相等，等即合的意思。合子利，為年息百分之百，與月息百分之三十到五十比較，顯然更低。開化、浙西的禾、米利息，應該是按收穫期借貸，與前一組的「以一熟論」等同，利率明顯高一大節。袁采把江西的錢利和開化、浙西的谷利連綴一起，都當成「不仁之甚」，不知什麼理由。

2. 牙人

牙人，是市場交易中的重要成員。他們又稱「牙儈」、「馳儈」，在交易中居間斡旋撮合，抽取「牙錢」（手續費），是商業中介人。由於商業興隆，尤其是田產、糧食、布帛等大宗貿易頻繁，市場上的牙人也非常活躍。把牙人和商人比較，商人有奔波之勞，虧本之險，牙儈則安坐而取，並且不管你有無利潤，所抽牙錢一定不能少，故此輿論認為：「大凡求利，莫難於商賈，莫易於牙儈」。然而牙儈也有其說合的勤勞，有其商貨產銷信息之

---

166 袁采：《袁氏世范》，卷下。

價值，如能公平其心，可使交易維持在適當的水平上。糧食交易中，牙人的活動尤其受到關注。建康城中的米牙人，是壟斷糧食市場的重要勢力，「數十萬之生齒，常寄命於泛泛之舟楫，而米價低昂之權，又倒持於牙儈之手」[167]。在江西臨江軍，牙人的財力不大，卻也在控制糧食買賣。孝宗淳熙年間，曾在臨江軍任職的婺源王炎，向上司報告他看到的米市行情：「臨江軍市為牙儈者，例皆貧民，雖有百斛求售，亦無錢本可以收蓄。每日止是鄉落細民步擔入市，坐於牙儈之門而市之，細民大概攜錢分糴升斗而去，故米賤之時，負販者則有不售之憂；米貴之時，計日而糴者則有絕粒之病」[168]。臨江「牙儈皆貧民」，說其「貧」是相對的，指沒有囤積百斛米的資本。挑糧入市的鄉落細民「坐於牙儈之門而市之」，並非自願，而是市場被牙儈控制，在牙儈門前買賣，牙人就能完全收到牙錢。真正的窮人，是那些只能零星買米的細民。

南康軍的牙儈，會在鬧饑荒時擾亂糧食供應。淳熙七年（1180）六月開始，江南大旱，南康軍是重災區，知軍朱熹緊急籌糧賑濟，禁止米牙人控制糧食，多收牙錢，保證米商與人戶自行糴糶，他在文告中指出：「諸縣鄉村人戶搬米入市出糶，多被米牙人兜攬拘截在店，入水拌和，增抬價值，用小升鬥出糶，贏落厚利，遂致細民艱食」。又說：「尋常客人糴米，必經由牙人

---

167 周應合：《景定建康志》，卷二三，《平止倉》。
168 王炎：《雙溪類稿》，卷二十一，《上趙帥》。

方敢糴，常被邀阻，多抽牙錢」，因此，朱熹下令：「客旅興販米斛到軍，聽從民旅之便，自行糴糶。如牙人不遵今來約束，輒敢邀阻，解落牙錢，許被擾人晝時具狀經使軍陳訴」[169]。無疑，這些賑災時期的特殊政策，不會長期執行，災荒過後，米牙人的壟斷活動又將恢復。

吉州的牙人、米鋪，也左右著糧食市場，尤其是在米穀緊缺時期。歐陽守道告訴吉州知州王某：糧價上漲因市場上供應不足，贛江中的米船來得少，所載米穀不多，「牙人與鋪戶前途守等，爭先糴之，如攘奪然，相與分三五石至十石止，瞬息而盡，未有一鋪得糴二三十石也，如此而求價之不增，其可得乎」。他建議盡力增加貨源，出榜勸諭諸縣放米通行，「仍責令牙人前往諸縣招誘糴者，如有米舡經過口岸輒遇邀阻，仰米主及牙人赴州陳訴，則旬日之內米價不禁而自減矣」[170]。歐陽守道從貨物數量與價格的關係中，看重牙人的斡旋、中介、協助的作用。牙人與鋪戶的中間購買，會使價格上漲，但若貨源充足，價格必然回落。為了擴充貨源，需發揮牙人的招誘能力。牙人和鋪戶自身沒有米，「鋪戶所以販糴者，本為利也，彼本浮民，初非家自有米，米所從來蓋富家」，米價的真正操縱者是豪富，「而鋪戶聽命焉」，牙人和鋪戶只得到交易中的一部分利潤。

饒州的米牙人收購米穀，轉手出賣謀利。寧宗慶元六年

---

169 朱熹：《晦庵集》，別集卷六，《措置賑恤糴糶事件》。
170 歐陽守道：《巽齋文集》，卷四，《與王吉州論郡政書》。

（1200）德興董熼上奏：由於災荒，官府禁止妄增米價，於是富室不賣米給飢民，「臣在村落，嘗見蓄積之家不肯糶米與土居百姓，而外縣牙人在鄉村收糴，其數頗多」。為什麼牙人、米販子買得到？「獨牙儈乃平立文字，私加錢於糴主，謂之『暗點』，人之趨利如水就下，是以牙儈可糴，而土民缺食」[171]。在這裡，富室與牙人相互糾結，抵制不許漲價的禁令，二者瓜分漲價所得利潤。

賣米的鋪戶和米牙人有時是合一的，鋪戶兼營牙儈之事，牙人也開米鋪。究竟牙錢是多少？紹興末年王之道上奏說：「百姓尋常入市糴糶，其鋪戶於糴糶名下，每斗各收牙錢一二十文」，相當賣價的十分之一二。牙錢收得多，比例很高。但是，官府在「和糴」時也是如此，「本司要取額外升合，而所糴州縣亦然，至於專斗每斗又取使用錢一二十文，方始交量，不爾則一斗只可量七八升」[172]。既是「和糴」，又要收「使用錢」，與牙錢比較，更沒有道理。

171 董熼：《救荒活民書》，卷中。
172 王之道：《相山集》，卷二十，《論和糴利害札子》。

第七章 ——

學校與書院教育
的興盛

建炎紹興戰亂時期，社會破壞嚴重，州縣官學教育幾乎停廢。「紹興和議」簽訂，南宋朝廷立國規模已定，開始將注意力轉向內政，對士人有了儒學素養的要求，紹興十二年（1142）二月，「詔諸州修學宮」。四月，增修臨安府學為太學。十二月，命太學弟子員以三百人為額（一年後增加二百名）。十三年二月，立太學及科舉考試法。八月，命諸路有出身監司一員提舉學事。九月，「詔諸州守、貳提舉學事，縣令、佐主管學事」[1]。連續頒下的這些命令，推動州縣學校相繼重建起來。

江西地區在南宋時期文化教育事業普遍發展，尤其是民辦書院的興盛，是社會進步的一大特色。促成這個發展的本地因素很多，最主要的不外是農業、手工業生產獲得新的發展，為教育文化打下了更堅實的經濟基礎。州縣官學逐一重建恢復，並有所發展。有條件讀書的民戶逐漸多了，於是書院普遍興辦起來，極大地彌補了州縣學名額很少的缺陷。各地都有一批教書先生，活躍於城鄉私家書院，培養出更多的士子，擴大了參加科舉考試的生源。富而重教，在北宋時已是社會共識，由科舉出仕而提升地位，已是士人普遍強烈的追求，在各界共同關心之下，資助寒士的公益性舉措也在增多。

與此同時，不少主政地方的理學家把行政和教育結合，在宣傳儒學之時，激發出辦學的積極性，競相走進學校或書院，講說見解，栽培門生，官辦書院應時而生，顯示出多方面的優勢，在

1　《宋史》，卷三十，《高宗紀・七》。

推動科舉文化發展中作出了大貢獻。眾多科舉人才的湧現，與書院、學校的發展互為因果，相互推動。社會文化水平大面積提高，經濟領域不時有新的氣象，物質文明和精神文明相彼此消化，推陳出新。

第一節 ▶ 州縣學校的重興與發展

一　州縣學的普遍興修

南宋江西地區州縣學校普遍興修，安仁（今余江）、泰和縣學竟然是出現在戰亂激烈的建炎、年間。紹興和議以後，政局漸趨穩定，重修學校的地方更多了。總括南宋一代，依光緒《江西通志》記錄的資料，各州軍興建學校的情況如下表：

・表 7-1 南宋江西州縣學校興修表

年號	數量	州縣學
建炎	2	創建 1：安仁學（以下省去「學」字）。修建 1：泰和。
紹興	44	創建 9：武寧、靖安、鉛山、樂安、石城、星子、南城、新城、廣昌。 重建 7：洪州、永新、信州、撫州、霧都、新喻、南康。 修建 10：德安、袁州、廬陵、龍泉、貴溪、崇仁、虔州、信豐、建昌軍、永豐。

年號	數量	州縣學
紹興	44	遷建 18：豐城、筠州、萍鄉、永豐、安福、餘幹、飛陽、金溪、宜黃、興國、安遠、寧都、瑞金、南康軍、建昌縣、新詮、南安軍、上猶。
隆興	1	修建 1：臨川。
乾道	4	遷建 2：上高、萬載。修建 2：吉州、德興。
淳熙	7	創建 2：高安、上饒。遷建 1：宜春。修建 4：分寧、新昌、樂平、浮梁。
紹熙	1	重建 1：贛縣。
慶元	1	遷建 1：萬安。
嘉泰	2	遷建 1：瑞昌。修建 1：龍南。
開禧	1	重建 1：江州。
嘉定	3	創建 1：清江。遷建 1：分宜。修建 1：吉水。
淳佑	2	創建 1：鄱陽。遷建 1：奉新。
景定	1	重建 1：臨江軍。
總計	69	創建 14；修建 20；重建 10；遷建 25。

（資料來源：光緒《江西通志》卷 70-72《建置略三・學校》）

　　南宋江西全境為九州四軍，紹興中期開始下轄六十八縣，州（軍）縣合計八十一個單位。上表所列六十九所學校，涉及六十九個州（軍）縣，屬於州（軍）一級的學校十二個，縣一級的五十七個。在這些州縣學校中，創建的十四個，占總數的百分之二十點二八；在原有基礎上修建、重建、遷建合計五十五個，占總數的百分之七十九點七一。比較北宋時期，州縣學數量有較大程

度增長，這個增長，是社會經濟發展的成果，也是讀書士人日益眾多的反映。

　　上表中的重建、遷建記錄，大致上是南宋時期的首次重建、遷建，而不少縣學並非一次建好之後不再重修，由於時間經歷一百五六十年，部分州縣又有兵燹之災，重建的次數不一，規模也不一樣，僅僅憑此論說是不夠的。統計表的數據可以看出發展的大概趨勢，卻難於展示發展中的豐富內涵。例如，鉛山縣學至少重建二次，新喻縣學重建五次，永新縣學經建炎兵毀，紹興重修之後，在嘉定元年（1208）「峒寇」襲來，再次被焚燬，「永新當往來之沖，剽劫焚蕩，官廬民舍，寸椽尺瓦無在者。越數年始克撫定，縣尉范君某，芟荊棘，夷瓦礫，約己嗇用，首建縣學而一新之」。[2]永新縣學的這次新生，上表也沒有記錄，然而在永新的學校沿革中，卻是一次大變革。

　　宜黃縣、崇仁縣學的重建，見證了紹興兵災之慘，以及地方官用力之勤。紹興元年（1131），宜黃遭盜寇殺掠，「民之死於兵者大半」，縣學被焚毀，三年之後才得重建，「補弟子員充入之」[3]。崇仁縣同時遭寇亂，公廨、民房多遭焚毀，而縣學因賊寇屯駐，獨存。寇亂過後，「官慢吏愚，或治為侯館，或仍以戍屯，或以冶鑄，或以榷酤」，被糟蹋而傾倒的樑柱，則當柴薪燒了。知縣鄭賓年決定重修縣學，於紹興十五年（1145）建成。落

2　黃幹：《勉齋集》，卷十九，《吉州永新縣學記》。
3　孫覿：《鴻慶居士集》，卷二一，《撫州宜黃縣學記》。

成之時，鄭賓年告誡生員不要只圖科舉程文，而需學到聖賢之道：方今取士雖以文藝，「直假途耳」，是借這個途徑選人，學校之設，是養育人才，若汲汲焉以利祿誘其心，「則是終身捫聖人藩籬而不入其門戶」[4]。

除了六十九個有興學記錄的州縣之外，還有十二個州縣不見記錄，它們是饒州、南昌、新建、進賢、德化、湖口、彭澤、玉山、會昌、都昌、南豐、大庾。按這些州縣的實情考慮，饒州、南昌、德化、大庾四處不可能沒有學校，但記錄中不見，很可能因是州（軍）治所在地，州學與縣學不併立，故此有鄱陽縣而無饒州，有洪州、江州、南安軍而沒有南昌、德化、大庾。其他八縣的學校暫付闕如。

二　學校建設的實際內容

1. 附郭縣學的建設

經過北宋慶歷、熙寧、崇寧三次興學，江西依然未能建學的十三個縣[5]當中，有南昌、新建、高安、鄱陽、上饒、星子、南城、清江等八個是附郭縣，占全部十四個附郭縣的百分之五十七點一[6]。到了南宋，除南昌、新建之外，其他六個附郭縣都已建

4　鄧輎：《崇仁學宮記》，《崇仁縣誌》第五篇第四章第二節，江西人民出版社一九九〇年版，第610頁。

5　依次為南昌、新建、武寧、靖安、高安、鄱陽、安仁、上饒、鉛山、石城、星子、南城、清江等十三個縣。

6　南宋江西共有十四個縣首次創建了縣學，這其中除了北宋未曾建學的十一個縣之外，還包括在南宋建立的新城（1138）、廣昌（1138）、

學。這些縣學的創建與發展，是在克服了比州軍學更多的困難中實現的。贛縣的縣學，最初附屬於虔州州學，皇祐二年（1050）單獨建學，但規模小。約一百五十年後，慶元三年（1197）知縣司馬葦再次擴建，又增加學田，加多經費，補充生員，整頓教學秩序，「月書季考，一守成規」，遂「為外邑之表」。

吉州廬陵縣學，紹興六年（1136）縣令王昌進行了修茸，胡銓記述縣官去州衙辦事以及在縣學中的尷尬與困窘：

（廬陵）縣當刺史理所，凡事難專，煩言易生。又適茲興法蠡午，百姓創罷……政且不舉，何暇及教。縣故有先聖廟，歲上丁釋菜，府史執事趨如，令則正視，貌像如土木偶。[7]

廬陵是吉州州治所在，實際政務「凡事難專」。又處在紹興戰亂時期，各種臨時性的政令很多，百姓疲敝不堪，紛繁的行政任務應付不了，哪有精力顧及學校教育之事。禮儀性的祭奠孔廟，也是「府史執事」，縣令呆站在那兒，如土木偶。廬陵縣在遇事均受州官牽制的環境中將縣學修茸一新，確不容易。附郭縣建學之困難，於此可見一斑。

高安、南城等六縣建學的簡況是：高安縣學，「故無學舍，

樂安（1148）三縣。江西地區全部十三州軍，而洪州附郭縣有南昌、新建二縣。

7　胡銓：《澹庵文集》，卷四，《廬陵先師孔子廟記》。光緒《江西通志・學校》移入此文作了較大修改。

唯有附於州學之西廡一小齋房號而已」。淳熙十五年（1188）七月，縣令陳璟於筠州州學講堂之右創建縣學，第二年三月建成。縣學揭匾之時，「學子咸集，且樂且詠」，亦有人感嘆「涂巷尚陋，或曰棟宇尚卑，或曰廩給尚寡」[8]。又由於州學在此，「凡朔望展敬，春秋釋奠，率致隆於郡學，而縣學則略焉」。可見其規模十分有限，發展受阻。南城縣學，「舊附（建昌）軍學」，紹興十二年（1142）縣令趙旦始建於城南隅。這是兩所名義上有，實際上沒有獨立校舍，與未建相差無幾，故把它們當作創建看待。

星子縣學，紹興年間南康軍知軍徐端甫，在西門外舊軍學故址新建。鄱陽縣學，淳祐期間縣令周還淳就北門內州學舊基創建。上饒縣學，淳熙間（1174-1189）興建。清江縣學，初建於臨江軍學之南，嘉定間（1208-1224）縣令張華國遷於城東皇華驛西。

2. 州縣學的變動

州縣學建立起來之後，因官僚重視程度不同，錢糧多寡不一，起伏變化很大，經常有停廢狀態。在州軍一級的學校中，江西首府的洪州州學比較好，規模和質量都居於上乘。洪州州學景祐二年（1035）建立時已有「考室」百楹，學田五百畝，南宋期間多次修建，規模有所擴大。慶元二年（1196）隆興知府蔡戡再次重修，耗資二四〇〇貫餘，用工八五〇〇餘人，竣工之後，

8　楊萬里：《誠齋集》，卷七四，《高安縣學記》

「高明爽塏，美奐孔碩，可百年不騫不崩」[9]。從慶元二年至南宋末的八十年間，未見再次修建的記彔，也許真是「百年不騫不崩」之故。

南安軍學，有較大發展。北宋後期建立的軍學，由於主政者不予重視，「養士之宮因循，日入於壞，頹簷老屋，弗支雨風，講明切磋之功為希闊」。寶慶二年（1226），知軍馮特卿來後，感嘆軍學「齋廡卑敝」，毅然翻修，他帶頭捐錢二十萬，還有陳畏公出錢二十萬，鄭性之助十萬，於是，軍學教授徐鹿卿承命「悉撤故而新之」。發現錢不夠，又「益以學糧錢七十萬有奇，米石百。又不足，郡帑再益錢十萬」。徐鹿卿亦稍出俸廩以佐經費。竣工後，「對立六齋，齋建爐亭，為位二十四，總一百六十楹」。又建欞星門，養賢堂等，整體規模，「視昔加倍」[10]。

信州州學的面貌，到理宗之後才有所改善。寶慶二年（1226）八月，新任知州陶崇見州學「卑陋」，「慨然捐錢三百萬」為修繕經費，並鄭重地對州學教授李直介說：「是不可以溷」。不久，陶崇病亡。權州事陳夢建繼續修建，又捐錢六十萬，轉運使丘壽邁亦捐錢十萬。上饒知縣陶木、鉛山知縣史夏卿，及諸生等亦各捐助。第二年四月，繼任知州陳章仍然「以未畢工為念」，再助錢二十萬，最後於八月落成。這些地方官所捐是否私財姑且不論，能夠花錢改善卑陋的學校，在教育大事上「不

9　光緒《江西通志》，卷七十，《建置略一・學校一》。

10　徐鹿卿：《重建六齋記》，《清正存稿》卷六。光緒《江西通志》卷七三改名為《南安軍學記》。

混」，就應肯定。[11]

鉛山縣學時修時廢。該學先在縣治（永平鎮）東南百許步，後遷至縣東山下，淳熙六年（1179）春，知縣蔣億重修，朱熹記其事說：蔣知縣不滿於縣學褊狹，乃買地鑿山，囑僚屬雷霆擴建，「其費皆出民間，有司者無所與」，「又為之召墾田，立僦舍，日給弟子員二十餘人。而官無乏用，民不病役」[12]。五十年後的紹定初元（1228），房屋又墮壞，生員散去，只見「向之修者益壞，士無所於業，縣方疲於供億，何暇議學校事，誦弦之音，至或曠歲弗聞」。新來的章知縣再次重修，又括廢寺、絕戶田若干畝，錢三萬補充養士之經費。生員重新在縣學中「優游砥礪」，見到效果，「是歲秋賦，登名倍他日，明年對大庭者凡六人」[13]。這種變化，正是得其人則事業舉，不獨是鉛山如此，別縣也一樣。

建昌縣（今永修）縣學，慶元二年（1196）遷建竣工，主其事者深感得來不易，王容《建昌縣學記》特別強調說，「財用不足」與「錢谷之闕」的經濟困難，「獄訟多變」與「簿書之劇」的繁雜公務，是「大抵然」的普遍存在，因而學校的修葺，只能「聽其廢壞」，「因其簡陋」。主事者能在這樣的環境中重修廢壞，去其簡陋，十分可貴。

11　趙蕃：《章泉稿》，卷五，《重修廣信郡學記》。
12　朱熹：《晦庵集》，卷七八，《信州鉛山縣學記》。
13　真德秀：《西山文集》，卷二五，《鉛山縣修學記》。

萬載縣學，幾經遷徙，乾道年間（1165-1173）又「遷之古寺」，導致「神無以妥靈，士無所肄業，邑之秀民賴學以成就者蓋少」。淳熙五年（1178），縣令祝勳不滿於縣學寄居佛寺，決定將舊孔廟改回為縣學，熱心辦學的鄉紳資助錢財，計費錢二千貫，耗工一萬餘，花四個月建成，又禮請「鄉先生之有齒德者以為師資」，於是「執經而至者源源不絕」[14]。

新喻縣學，經過多次重修。縣學中的大成殿五間，創建於唐朝大曆年間（766-779），北宋崇寧二年（1103）重修之後，紹興元年（1131）、二十五年（1155）、紹熙五年（1194）、嘉定八年（1215）、紹定元年（1228）頻繁重修，此後到至元二十二年（1285）再一次進行重修。南宋期間的修建可能只是小修小補，卻也是努力維持，不致因毀壞而使教學停歇。

萬安縣學，自熙寧五年（1072）立縣當年建學以後，經過約一三〇年，「學凡三徙，士不以為然」。慶元五年（1199），知縣趙師迫等捐資修建新的縣學，占地二十餘畝，「費緡錢以萬計，皆士人所樂輸而官以餘財助之」，於是有「經史之閣，左右生徒之齋，內之庫帑庖湢，外之門闈垣牆，邃深爽塏」，規模「幾亞郡學」[15]。

上述事例說明：第一，凡官府重視的地方，縣學就可以建築

---

14 楊願：《萬載縣學記》，光緒《江西通志》卷七十，《建置略・學校一》。

15 周必大：《文忠集》，卷五八，《萬安縣新學記》。

得好；第二，經費來源多種，其中由民眾承擔的不少，也許並非全部自願，但群眾對建學的迫切要求，已充分體現；第三，發展緩慢，規模很小，如鉛山縣學，生員二十餘人。總趨勢是文化教育在發展，各地士人都不斷增多。

三　教學中的實際問題

各個學校教學的實際狀況，比較學宮、齋舍的建築更難劃一，良莠差別更大。例如，南安軍學長期處於「講明切磋之功為希闊」。鉛山縣學，在朱熹寫《鉛山縣學記》的時候，不僅規模褊狹，不具廟學制度，而且「弦誦輟響」，停廢教學「亦既二十有餘年矣」。婺源縣學，建立之後有屋無書，「講堂之上有重屋焉，牓曰藏書，而未有以藏」，淳熙年間林知縣來到之後，才「市書，凡千四百餘卷，列庋其上，俾肄業者得以講教而誦習焉」[16]。

州縣學的教育質量不高，是普遍現象，各處皆然。

朱熹把「修、齊、治、平」定作教育宗旨，但是，「學校之官雖遍天下」，卻「學不素明，法不素備」，既有科舉制度的弊端，也有學官認識上的偏差，「不知所以為師之道」。

黃幹也批評說：州縣學校最關風教，可是「今皆以為文具」。學校雖存，而教授的教，提學官的監督管理，都是問題。只圖辦學的虛名，不求教學質量，不著眼於培養人才，是最關國

16　朱熹：《晦庵集》，卷七八，《徽州婺源縣學藏書閣記》。

家大局的弊端。他提出改進的各點，正是州縣學現存的嚴重缺失。

　　朱熹、黃幹二人對州縣學的評議，都聚焦於儒學思想體系，是從全局上看，把培養仁義道德素質高的人才，能夠強化趙宋王朝統治的官僚來衡量。

　　根據各地區情況不同，興辦學校的目的有不同的側重。吉州永新縣是為著消除民眾的反抗情緒，達到化解盜寇的目的。該縣地處贛湘交界山區，是「峒寇」多發區，統治者的神經時常集中思考寇賊問題。嘉定元年（1208）「盜發荊潭，結黨與，負險阻」，永新當往來之沖，被剽劫焚蕩，重建縣學由職掌盜寇的縣尉范某承當。其中奧妙，黃幹是這樣解釋的：致盜的原因是慶元間禁道學，落實到江西，具體於永新，則是「江西之俗，豪家富室喜於兼併，為之守令者不唯無以抑之，而反縱之，而細民又困矣。夫民生不見禮義之及己，而困於衣食之不足，幸災樂禍以圖逞其不平之憤，則去為盜賊，而焚燒縣邑，賊害良民者勢使然也」。貪吏的無恥盤剝，加上對豪富兼併的縱容，逼迫困苦中的細民發洩「不平之憤」。所以，「知盜之所由興，起於不悅學，則弭盜安民之術，舍學何以哉，此則范君之所為汲汲也。⋯⋯不唯永新之為官民者所當知，而天下之所當取法也。」[17]由永新而及天下，將辦學作為「弭盜安民」的統治術，這是更高的教學要求，不僅南宋天下當傚法，對後世的學校教育也有借鑑意義。

17　《勉齋集》，卷十九，《吉州永新縣學記》。

四　劉靖之在贛州州學的教學事蹟

州縣學的教學效果因人而異，因時而別。劉靖之在贛州州學為教授，其教學實踐符合儒道要求，成效顯著，名聲大振。

劉靖之（1128-1178），字子和，廬陵人，[18]學者稱為孝敬先生。紹興二十四年（1154 年）進士。在任吉州戶掾，福建邵武縣尉之後，調任贛州州學教授。但不能即時上任，要在家「待次」——等待前任離去。他待次五年，加緊「以諸經自課」，達到自音讀訓詁、諸家論說無不該貫的程度。

淳熙初年[19]劉靖之到贛州上任。他在州學注重生員的品德修養，進行做人的教育。他教學「大抵以讀書窮理為先，持敬修身為主」。凡是州學中規定的應試課程，大小考試，他必依「窮理」與「修身」的宗旨命題與評判，「於是學者益知所向」。諸生考試答題，如果「以老、佛論道，以管、商諷政，忘仇恥，徇時俗者，皆棄不錄，於是學者又知所懲」。劉靖之的主張是，讀孔孟聖賢之書，必須追求儒學之理，在認識上解決「知所向」、「知所懲」的問題，進而落實於自己行動，「持敬修身」，並和社會現實聯繫起來，與對金的和戰大事聯繫起來，擯棄「忘仇恥，徇

18　此據《宋元學案》，而《宋史》卷四三七《劉清之傳》作「臨江人」，可能遷居廬陵只是靖之一家。

19　同治《贛州府志》卷三十七《官師表・府教職表》記作「淳熙年間（1174-1189）」，稍覺寬泛。劉靖之贛州教授一任之後，即因喪母而卒於淳熙五年（1178），故推定其上任時間在淳熙元年至四年之間。紹興二十三年，虔州改名贛州。

時俗者」。

　　他在州學宣揚周敦頤，引導生員讀其書。在州學中為北宋虔州知州趙抃，以及周敦頤立祠，以資紀念。學生們問，「趙公則聞耳矣，敢問濂溪何人也？先生具告之故。且出其書，使之讀之。」[20]沉默了約百年的周敦頤，經過劉靖之鄭重宣傳，這時才成了贛州士人注意的對象，事蹟才開始在贛州州學傳開。劉靖之推薦周敦頤其人，介紹其書，傳播其思想，是要藉以發明六經、論孟之遺意。由此說來，理學家所謂「周程過化」、「程朱之學，原本週子」之類的定論[21]，在很大程度上要歸功於劉靖之先生。

　　在具體的教學實際中，劉靖之做得很踏實認真。首先，解決缺書的困難。贛州州學少書，劉靖之拿出節餘的經費去旁郡採購，又將自己帶來的書拿出來，供諸生閱讀。

　　其次，關愛生員，親密師生關係。他將學生當子弟看待，「老者優禮之，貧者周給之，疾病者與之藥，死喪者加之賻」，在生活上給予周到的照顧。

　　再次，嚴格教育管理，既公正又嚴明。凡諸生的「言行小不中禮，服飾小不中度，必規勸改正」。在進退取捨之時，必定嚴格考察他們的行動實際，將他們的書面作業置於公堂之上，讓贛

20　朱熹：《晦庵集》，卷九十八，《劉子和傳》。《宋史》卷三一六《趙抃傳》：嘉祐六年（1061）趙抃知虔州，整治贛江航道，疏鑿十八灘。

21　《宋史》，卷四二七，《周敦頤傳》：南安通判程珦命二子顥、頤前往受業，周敦頤「每令尋孔、顏樂處，所樂何事。二程之學，源流乎此矣」。

州長吏審讀，他說：「使守貳有意者，可按而核也」。[22]然後評定其次第，未嘗只憑私意。所以，諸生對劉靖之如事父兄，信服其教誨。

由於劉靖之堅持「持敬修身」的品德教育，嚴格而公正地實施考核制度，使州學的風氣大變，朱熹寫道：「其浮情不事學者，往往引去，或亦悔前所為，而革心自新焉。郡縣吏皆怪，以謂學官弟子比無入官府辯訟，請謁者。父老皆喜，以謂吾家子弟比無荒嬉惰游、還家覓錢、叫呼犯上者。以至士大夫家亦爭遣子弟來入學，贛之人至咨嗟相與言曰：吾邦自李先之教官適今七八十年乃復得劉君耳」。州學成了社會各方關注的熱點，學生變好，社會反響熱烈，民眾評價很高，培養人才的成果如此顯著，其社會效益決非幾篇著述所能比擬的。熱衷於書院講學，是當時理學家的時尚，但是能有劉靖之在贛州的實效和反響者，確屬罕見。

贛州士民頌揚的李先之，名朴，興國縣人，紹聖元年（1094）進士，任虔州州學教授，徽宗崇寧年間再任。[23]他在當地的口碑極好，「士言行義者必曰吾師先之，言經術者亦曰先之，言文章者又曰先之」。行義、經術、文章三者俱佳，即是人品和學問都堪效法，故而影響深刻。過了七八十年之後，如今的

22　同治《贛州府志》，卷四十二，《官師志・府名宦傳》。

23　《宋史》，卷三七七，《李朴傳》。周必大《贛州州學教授題名記》寫於淳熙元年（1174年）十二月，文中說」距今八十年」，則李朴第一次任贛州學教授是在紹聖元年（1094年）。

教授劉靖之，同樣優秀，能「正身以率下，傳道以解惑」，所以贛人將他們二人並列，可見是真心的敬重。周必大得悉此事，寫《贛州州學教授題名記》介紹其事蹟，並評論說：「此豈一時私毀譽，一己私好惡哉。」

第二節 ▶ 書院的興旺與分化

南宋初年戰事緊張，北宋後期興盛起來的州縣官學，又一次遭受嚴重挫折。各地本有的「贍學錢甚多」，都被根刮拘催應付軍前使用。就官學本身來講，「一郡一邑僅一置焉，而附郭之縣，或不復有」，顯然滿足不了需求，分散各地的士子求學，再次轉向民辦書院。南宋一代，江西書院教育獲得大發展，不僅是數量增多，而且教育效果顯著，因而社會提高了對書院的信任，將興辦書院看做是獲取知識、實現「學而優則仕」的最有效途徑。蜂起的各地書院中，有的是新建，有的是重建；既有許多民辦書院，官紳與富室之家的私家書院，也有州縣官府主辦的書院。如泰和縣的龍洲書院，是知縣趙汝蕢將榷酤所改建而成，與縣學並列，選成績好的十名生員入讀；筠州的樂善書院，由知州王淹創辦，專供宗室子弟二十名讀書而設，撥田千畝供其費用。至於白鹿洞書院、白鷺洲書院等，更是著名的官學化了的書院，久已受到研究者關注。

書院風靡於城鄉，比較廣泛地傳播著文化知識。一批飽學之士，受聘於民間書院當教書先生，以其學識和敬業精神受到人們的尊敬，他們教書育人的事蹟廣為傳頌。

　　鄉民辦的書院，數量很多而規模一般比較小，有的就是自家的幾個孩子，但教學認真。玉山趙蕃家族的書院，只是一間堂屋，「我家讀書堂，堂下才幾席。常年曝背地，兄弟兼子侄。長者坐藜床，稚者把書帙」[24]。與學校比較，南宋的州縣學校數量，比北宋約多十所，而書院數量，北宋為五十餘所，南宋多了一倍半。總體上說，民辦書院居於主體地位，不斷教育出大批生員，走上科舉之路。出仕為官者只是一部分，還有不少士人操持其他行業謀生，如教私塾、當訟師、行醫、看相、堪輿等等。南宋讀書人增多，科舉文化日趨發達，教育文化下移而水平提高，都得益於民辦書院的興旺。

一　十三州軍書院的普遍興辦

　　南宋江西地區書院數量很多，遍及於各州縣。以光緒《江西通志》為基礎，參考部分史志的記載，可以明確認定為南宋開辦的書院，粗略統計江西地區共建有一三四所（包括遺漏的 11 所，婺源縣 1 所）[25]，它們的基本情況如下表：

24　趙蕃：《淳熙稿》卷三，《冬晴三首》之三。

25　南宋江西書院總數，在部分書院專著的統計中數量不一，李才棟：《江西古代書院研究》說「始建於南宋的書院約有一七〇餘所」（詳見江西教育出版社 1993 年版，第 107-114 頁表）。李國鈞主編：《中國書院史》附錄三《歷代書院名錄》，列出宋代江西書院，屬南宋的有一六二所（詳見湖南教育出版社，1994 年版第 1016-1021 頁）。造成這種差異，有資料來源、對事項鑑別、統計口徑不一等多種原因。要求得一個確切數字，需待普查了文獻，而且對大多數書院進行了精細的個案考證之後。

· 表 7-2 南宋江西書院情況表

序號	名稱	所在地點	創立時間	創建人	備註
	洪州：15 所				
1	豫章書院	南昌進賢門內	南宋		
2	宗濂書院	隆興府治	淳佑間	江萬里	
3	東湖書院	南昌城東南隅	嘉定中	豐有俊	
4	隆岡書院1	南昌隆岡	南宋	劉邦本	
5	隆岡書院2	南昌北岡	南宋	李天福	
6	竹梧書院	新建桃花鄉	南宋	裘萬頃	
7	飛麟學塾	新建忠孝鄉淚塘	嘉定間	程必東	
8	五溪書院	新建忠孝鄉	南宋	丁埈	
9	盛家洲書院	豐城蘭家巷	南宋	盛溫如	
10	龍光書院	豐城榮塘	紹興間	陳自勉	
11	石峰書院	豐城梅仙鄉	南宋	方齊、陳友源	
12	徐孺子書院	豐城儲山	南宋		
13	龍山書院	豐城曲江	南宋		朱熹李義山姚勉講學之所

序號	名稱	所在地點	創立時間	創建人	備註
14	龍洲書院	奉新城西	南宋	余驟	
15	柳山書院	武寧柳山	紹興間	陳幼顯	
	瑞州：6所				
16	樂善書院	筠州治西	嘉泰三年	王淹	
17	西澗書院	高安鈞山	端平三年	陳轂	
18	文溪書院	高安新豐鄉	咸淳間	陳仲征	
19	桂岩書院	高安調露鄉	南宋	幸元龍	
20	熊氏書院	新昌縣四都	南宋		
21	志學精舍	新昌縣十七都	南宋		
	袁枓：4所				
22	南軒書院	袁州城東湖上	端平間	彭芳	
23	鈐岡書院	分宜縣治後	淳熙間	王杭	
24	清源書院	分宜	南宋		
25	東軒書院	萍鄉城外	南宋		朱熹門人胡安云讀書處

序號	名稱	所在地點	創立時間	創建人	備註
	臨江軍：5所				
26	清江書院	清江縣治東	南宋	張洽	
27	金鳳書院	清江金鳳洲	咸淳間	黎立武	
28	劉氏墨莊	清江縣	紹興間	劉靖之重建	
29	高峰書院	新淦縣治東	嘉定六年	黃千	
30	蒙山書院	新喻蒙山麓	南宋	黎立武	
	吉州：18所				
31	白鷺洲書院	吉州白鷺洲	淳佑元年	江萬里	
32	風山書院	吉州城西	淳佑間	曾宏甫	
33	槐陰精舍	廬陵	孝宗時	劉清之	
34	龍洲書院	泰和澄江上	嘉泰二年	趙汝苔	一作鷺洲書院
35	云津書院	泰和龍洲上	嘉定間	劉逢源	
36	文溪書院	泰和縣治西	南宋	曾有憑	

序號	名稱	所在地點	創立時間	創建人	備註
37	柳溪書院	泰和縣治南	嘉定間	陳德卿	
38	南薰書院	泰和縣寺山	南宋末	蕭行叔	
39	幡溪書院	吉水同水鄉	南宋	周澤之	
40	龍城書院	吉水七都	南宋	曾三異	
41	崇桂書院	吉水鄒江	咸淳四年		
42	山堂書院	吉水	南宋	王介	
43	清風書院	永豐清江	南宋	劉禹錫	
44	秀溪書院	安福縣南	嘉泰間	周奕	
45	竹園書院	安福縣南	南宋	劉宏仲	
46	石岡書院	安福城東三里	南宋	蕭儀鳳	
47	濂溪書院	萬安縣衙西	南宋	趙師逌	一作龍溪書院
48	鰲溪書院	萬安渡頭古社	南宋		
	撫州：12所				
49	峨峰書院	撫州城南	嘉定間	李璧、黃千等	
50	臨汝書院	撫州城西二里	淳粕九年	馮去嫉	

序號	名稱	所在地點	創立時間	創建人	備註
51	碧澗書院	臨川銅陵山陽	南宋	晁百談	
52	紅泉精舍	臨川銅山之陽	南宋	曾極	
53	漁墅書院	崇仁東焉巷	嘉定間	陳元晉	
54	槐堂書院	金溪縣青田鄉	乾道間	陸氏兄弟	
55	象山書院	金溪縣治西	紹定六年	陳詠之	
56	石林書院	金溪城西40里	南宋	葉夢得	
57	遺安書院	宜黃待賢鄉	南宋		鄒次陳講學處
58	心齋書院	樂安流坑	南宋		從董德修游者所建
59	子南書院	樂安流坑	南宋	董德元等	
60	古梅書院	樂安縣衙背	南宋	詹元吉	
	建昌軍：5所				
61	旴江書院	建昌軍治北	開慶元年	曾埜	

序號	名稱	所在地點	創立時間	創建人	備註
62	曾譚講堂	南城縣南	南宋	傅夢泉	
63	興文堂	南城北鳳凰山	南宋	楊琪	
64	武夷講堂	新城福山	南宋		朱熹與門人講學於此
65	庵山書院	瀘溪四都	南宋	石永壽	
	信州：19 所				
66	道一書院	上饒縣	南宋	程紹開	
67	帶湖書院	上饒縣	南宋		
68	御書院	上饒五都明遠鄉	咸淳間	徐直諒	
69	疊山書院	上饒西北安輯鄉	南宋		
70	懷玉書院	玉山金剛頂之陽	淳熙間	官司、朱陸門人	
71	草堂書院	玉山懷玉山下	南宋		朱熹在此講學
72	端明書院	玉山縣治東	南宋		汪應辰講學所
73	劉氏義學	玉山順城鄉	淳熙間	劉允迪	

序號	名稱	所在地點	創立時間	創建人	備註
74	疊山書院	戈陽新政鄉	南宋		謝枋得講學所
75	象山書院	貴溪南三峰山下	紹定四年	袁甫	
76	玉溪書院	貴溪縣南盧坊	南宋		
77	桐源書院	貴溪南十里	南宋	高可仰	
78	疊山書院	興安重山	南宋	訝撲方得	
79	劉垫書院	興安重山	南宋	劉垫	
80	鵝湖書院	鉛山縣北15里	淳佑十年	蔡杭	
81	霖泉書院	鉛山期思渡	南宋		
82	龍山書院	廣豐新城鄉	嘉定間	黃德申	
83	河源書院	廣豐周安鄉岩裡	嘉定間	周天驥	
84	瑜山書院	廣豐杉溪	南宋	俞校	
	饒州：27所				
85	鄱江書院	饒州城北	南宋		金去偽講學處

序號	名稱	所在地點	創立時間	創建人	備註
86	忠宣書院	饒州 龍山麓	南宋		
87	東山書院	余干 冠山峰	淳熙間	趙汝愚等	
88	忠定書院	余干 琵琶洲	淳柏間	趙崇憲	
89	長薲書院	浮梁 景德鎮	慶元三年	李齊愈	
90	新田書院	浮梁 新田都	紹興間	李椿年	
91	銀峰書院	德興 延福坊	淳熙間		朱熹曾在 此講學
92	雙桂書院	德興 游奕塢	南宋		
93	蒙齋書院	德興 游奕塢	南宋		程端蒙講 學處
94	柳湖書院	德興 縣十都	南宋		程琪隱居 講學處
95	深山書院	德興 縣八都	南宋		程鼎講學 處
96	初庵書院	德興 縣治南	南宋	黃棠	

序號	名稱	所在地點	創立時間	創建人	備註
97	息齋書院	德興城南水綠橋	南宋		余芑舒講學處
98	拙齋書院	德興縣游弈橋	南宋		王過講學處
99	四勿齋書院	德興縣八都	南宋		王億講學處
100	歸軒書院	德興縣八都	南宋		鄒近仁講學
101	南隱書院	德興縣八都	南宋		董煊講學處
102	盤澗書院	德興縣九都	南宋		董銖講學處
103	玉真書院	安仁治後玉真山	南宋	吳紹古	
104	錦江書院	安仁長城鄉	南宋		倪蚧講學處
105	環溪書院	安仁崇義鄉	南宋	湯漢	
106	石洞書院	萬年縣萬年鄉	南宋	饒魯	
107	斛峰書院	萬年萬斛山南	南宋	李伯玉	

序號	名稱	所在地點	創立時間	創建人	備註
108	白羊書院	萬年縣新政鄉	南宋	陳嬌	
109	翠岩書院	萬年縣蒼山	南宋	葉舜民	
110	南園書舍	萬年縣胡坊	南宋	胡預	
111	南溪書院	萬年新政鄉	南宋		柴中行講學處
	江州：1 所				
112	濂溪書院[26]	廬山區十里鄉	嘉定間	趙崇憲	
	南康軍：2 所				
113	白鹿洞書院	星子白鹿洞	淳熙七年	朱熹	
114	修江書院	建昌城西鶴鳴山	南宋		邑人遊朱熹之門者建

26 一九九六年《九江縣誌》，該志卷二十二第一章第一節「學校設置」稱分享熙三年（1176）知州潘慈明復建濂溪書堂，祀周敦頤，嘉定間「趙崇憲於堂左築學舍二十六楹，初具書院規模」。一九九二年《湖口縣誌》卷十五第六十一章第三節寫「濂溪書院，南宋嘉定年間，趙崇獻建在濂溪港」。二者應是同一書院，但《九江縣誌》寫得更詳明。

序號	名稱	所在地點	創立時間	創建人	備註
	南安軍：3所				
115	道源書院	南安軍治東山	淳佑二年	林壽公	
116	太傅書院	上猶縣西太傅山	淳拓十二年	陸鎮	
117	鐘氏書院	上猶	南宋	鐘鼎	
	贛州：5所				
118	先賢書院	贛州城皂城坊	淳熙元年	趙晟	
119	安湖書院	興國縣衣錦鄉	咸淳八年	何時	
120	曾氏書屋	寧都箕筶谷	慶元初	曾興初	曾系朱熹弟子，從學者眾
121	梅江書院	寧都縣拱辰橋	淳拓六年	夙子興	
122	琴江書院	石城縣治南	南宋		

說明：1. 表中書院排列順序，依照光緒《江西通志・書院》。
　　　2. 縣名、鄉名是清朝的制度，廣豐縣為南宋信州水豐縣；萬年縣為明朝所立，其轄區分屬南宋的都陽、餘干、安仁三縣，繫於其下的書院統計在饒州數內；興安縣（今橫峰）明朝析貴溪、飛陽地建立，其書院算在信州；瀘溪縣（今資溪），明朝析南城地建立，其書院算在建昌軍。
　　　3. 原資料中未標明時代的未錄，只標「宋」的未錄。

　　表中列出的桂岩書院、白鹿洞書院，曾經在五代、北宋出現過，但它們衰敗、消失已久，幸元龍、朱熹的重建，並不是老書院的延續，與創建沒有不同。尤其是白鹿洞書院，名稱沿用舊的，是對先賢在精神上的繼承與發揚，而其嶄新的內容，卻是前代的白鹿洞根本不能比的。把南宋的白鹿洞書院看作前代的下延，實際上是降低了朱熹及其後繼者建設書院的價值。

　　所列書院，不完全符合實際，我們一方面相信光緒《江西通志》登錄的是比較有影響者，差距不會太大；另一方面並非每個都能說出具體教學事實，也許其本身就只是個入的書齋，或因時隔久遠而失傳。

　　光緒《江西通志》不含婺源縣史實，據新修《婺源縣誌》，南宋婺源的書院有一所，即湖山書院，咸淳八年（1272）胡一桂建。

　　再據雍正《江西通志》卷二一、二二記录的書院，存在於宋代的為一四八所，其中南宋的一一七所，與光緒通志很接近。

　　大致上說，可以巾這個總體上寬泛的名錄中看出江西在南宋時期書院教育的大趨勢，那就是民辦書院眾多，分布於全境各地，呈現一片旺盛景象，顯示出民眾對文化教育的熱情高漲。從各州書院數量分析，分布雖然比較均衡，然而有地區差異，這該是經濟水準發展不平衡所致。具體分布狀況如下：

· 表 7-3 南宋江西書院分布表

州軍名	轄縣	書院數	平均每縣	州軍名	轄縣	書院數	平均每縣
洪州	8	15	1.87	江州	5	1	0.2
瑞州	3	6	2	贛州	10	5	0.5
袁州	4	4	1	建昌軍	4	5	1.25
吉州	8	18	2.25	南康軍	3	2	0.66
撫州	5	12	2.4	南安軍	3	3	
信州	6	19	3.16	臨汀軍	3	5	1.66
饒州	6	27	4.5	江西全境	68	122	1.79

　　如上表所示，江西各縣都有書院，平均數達到每縣一點七九所，這在南宋時代是非常難得的大進步。在江西境內，書院數量最多的是饒州，其後依次是信州、吉州、撫州、瑞州、洪州等。在各縣之中，饒州德興縣最突出，竟有十二所，超過多數州軍的合計數。這是官紳大族勢力強盛烘托出來的。反之，家族書院興旺，士大夫講學活躍，又促進了家族勢力持續發展。在這種普遍興旺的大局中，江州顯得落後。各地書院多少的差異，基本上是社會發展程度的不同，也有資料記錄等其他方面的原因，需要進行具體分析。

　　上表遺漏的書院，據現在所知有以下十一所：建昌軍一所，南城吳氏，在建社倉的同時，也建了書樓，儲書數千卷，會友朋教子弟。

　　吉州三所，太和縣彭惟孝的彭氏山房，「聚書萬餘卷」」「延

老師宿士主講說，命子侄執弟子禮惟謹」[27]。龍泉（今遂川）李宗儒、師倘兄弟的「槐陰書院」；項汝弼的「盧溪書院」。周必大讚譽他們兩家，李氏兄弟是「君家欣慕名書齋，伯仲方將與計偕」；項氏家族在紹興十年（1140）以行義得到旌表門閭，是「輕財重義續前烈，築屋貯書貽後昆」[28]。

洪州二所，武寧縣田德彝家族，在嘉熙四年（1240）、淳佑三年（1243）、八年（1248）連續有人被推薦參加科考，千是在所居一里附近建魁星堂，立精舍，號龍峰書室，」萃秀子弟講習，魁兆日彰」[29]。南昌熊凱，字舜夫，以明經開塾四十年，時稱遙溪先生，同邑熊良輔是他的受業門生，但不知其私塾名稱。

撫州二所，崇仁縣據新修縣誌載，創建於南宋的書院有三所，除漁墅書院之外，還有文林書院，縣人陳月溪創建於嘉定年間，地址在縣城東耆曹家巷口；梅峰書院，創建於南宋，在二十都。

饒州二所，樂平王剛中家族的書院（事實詳後）；鄱陽許氏桐嶺書院（事實詳後）。瑞州一所，新昌人蔡湮建「義方書院」（事實詳後）。

27　陸游，《渭南文集》，卷三九，《求志居士彭汜菇志銘》。
28　楊萬里：《誠齋集》，卷四三。
29　姚勉：《雪坡文集》，卷三三，《武寧田氏魁星堂記》。

二 民辦書院的諸多類別

書院遍地開花，類別隨之多樣。在一百二三十所書院中，從創辦主體上大致上可以分成官辦、民辦兩大類。在民辦書院之中考察其功能，又可細分為兩部分，一部分是教學型的，另一部分是書齋型的。由於沒有對各個書院進行個案調查，難以明瞭他們的比例關係，只能舉出相關事例。我們大膽地推測，教學型書院可能居多數，其中又有三種：

（一）個人創辦的私家書院，生員為一家的子弟。如吉州安福周奕創建的秀溪書院，坐落在縣南三十里的秀溪岸邊，該書院」講經有堂，諸生有舍，叢書於間旁，招良傅以訓其四子曰伯紀、承勳、伯仍、大同」[30]。泰和東南桃源溪的南熏書院，為蕭行叔創建，「特以教其一家子弟耳」[31]。浮梁汪澈，紹興末年為參知政事，卒謐莊敏，其家書院設在縣城的豪宅中，但規模小，只在高明宏廣的大院內闢出東廂，「招鄉人朱龜蒙主書館」，生員是其子與侄，「別有外間兩士就學，凡四人同處」[32]。為著自家子弟讀書習文需要，開辦這種小型的私家書院，是最實在的民間教育方式，在極大程度上彌補了州縣學只有很少生員名額的缺陷。

（二）家族開辦的民間書院，生員為家族的子弟。如饒州樂

30　楊萬里：《誠齋集》，卷七七，《秀溪書院記》。
31　光緒：《江西通志》卷八一，梁潛《南熏書院記》。
32　洪邁：《夷堅志》，丁志卷四，《汪牡敏宅》。

平王剛中家族，他年幼時受業於兄長王必中，後來進士及第，官至同知樞密院事，關心家族發展，「買田千畝為義莊」，仿照范仲淹義莊制度，贍給「三族之尤歸者」，「又築室為家塾，延賓師具糧糧，凡族子之勝衣者皆進於學」[33]。信州玉山縣趙家的書院，據趙蕃說：「我家讀書堂，堂下才幾席。常年曝背地，兄弟兼子侄」[34]。貴溪縣的桐源書院高可仰創建，用以「教鄉族子弟」，因涉及戶口比較多，故置辦了「贍田」，以供費用開支。饒州浮梁縣新田書院，紹興年間李椿年創建，五六十年後，李大有在嘉定年間」率鄉人新之，延李德俊教族子弟」[35]。家族書院是私家書院的發展與擴大，趙蕃家的讀書堂，很可能是處於一家和家族之間的書院。由家族書院再往前走，突破家族界限，就是鄉民社區的書院。

（三）超越家族界限的鄉民書院。這種書院雖然不免家族的印記，但是入讀者不限於本家、本族的子弟，鄉鄰子弟也可以參加。其創辦人或是官紳，或鄉里士人，有社會名望者，然而不是憑藉州縣官府的權威和財力創辦，而是用其私財，以其個人名義進行，故而仍然屬於民辦書院之列。例如，信州永豐縣（今廣豐縣）杉溪的瑜山書院，淳佑年間邑人俞扳創建，他當時任廣東提點刑獄，熱心為家鄉辦好事，在其家杉溪開辦書院，「集里之貧士

33　孫視：《鴻慶居士集》，卷三八，《宋故資政殿大學士王公墓誌銘》。

34　趙蕃：《淳熙稿》，卷三，《冬晴三首》之三。

35　光緒《汀西通志》，卷八二。

讀書其中」[36]。玉山縣劉允迪義學，創辦於淳熙年間。他「割田立
屋，聘知名之士以教族子弟，而鄉入之願學者，亦許造焉」[37]。

　　永豐縣（今廣豐）龍山書院，是完全不沾官味的社會性鄉民
書院。書院在永豐團源，嘉定十四年（1221）十月建。創辦人黃
惟直，字德申，是一個學博行修的士人，是著名的鄉先生，「名
卿達人爭致以誨其子弟」，然而他屢次科考失敗，得不到進士功
名。在「志弗克施」的清況下，他將希望寄託於更多的年輕人，
遂決心辦義塾：「吾幸有薄田疇，與其私吾子孫，曷若舉而為義
塾，聚英材教育之，以樂吾志於是」。黃惟直建在團源的龍山書
院，中間為講堂，兩旁分列齋舍，共六間。他以一半家財供書院
之用，自己擔當日常教學，仿照州縣官學辦法管理，「捐產之半
以奉之。廩給課試，悉仿州縣法。春秋校藝，以禮屈邑佐，或鄉
人之中第者，司其衡尺。日講月肆，則君自王（主）之」[38]。黃
惟直辦義塾的行動，完全著眼千地方「人才世道」的振起。

　　各種形式的民間書院，以其數最多的優勢，在文化傳授中發
揮積極作用。它們的組織形式簡單，生員文化層次高低不一，總
的目標則是為科舉考試做准備。故而教學內容、考試制度等項，
仿照州縣官學進行，正如黃惟直的龍山書院。將縣官請來，將中
第者請來，正是要借重其科舉成功的經驗，把握當下官府對科考

36　光緒《江西通志》，卷八二。
37　朱熹：《晦庵集》，卷八十，《玉山劉氏義學記》。
38　真德秀：《西山文集》，卷二六，《龍山書院記》。

的取向，改進自己的「日講月肆」，以便更多的生員科考時榜上有名。鑑於民辦書院創辦者的目的明確，管理中不存在徇私舞弊，對子弟教育盡心盡意，因而都有切實的教學效益。

書齋型的民辦書院，是士紳個人讀書、接待賓客之地，留有詩酒吟詠的事跡，未見開門課徒的記錄。例如，盧陵風山書院（上表 32 號），名氣很大，創辦人曾欲，字宏甫，是富有的詩人，書院建在郡城外二三里處，深得林泉之勝，鑿石引水以為池，號流杯池，置亭其上，經常在此會友吟唱。淳佑元年（1241）暮春，邀來十數親友在此聚會，「因刊櫻圖，並考訂所以，親為小詩贅千後」，他很自得地寫《題風山書院》說：」暮春浴罷振春衣，正是流觴修褉時……偉矣蘭亭眾君子，不將文字立藩籬」。這種仿蘭亭聚會而出名的園亭，顯然不是教授生徒的場所。

臨川士人曾極建築的紅泉精舍（上表 52 號），名雖列書院之中，實則尤開門授徒之事，只是他個人隱居之地，他的《紅泉精舍》詩曰：「十里長松一幅巾，溫湯靜灌滿衣塵。石門隔斷世間事，仙窟能容鶴上人。已主謝公為北道，更依華子作西鄰。紅泉可酒兼宜茗，便合躬耕老此身」。[39]

還有的書院可能難以當真，只不過是附庸風雅的名號，豐城的盛溫如，豪富而好學，以擒盜功獲賞奉節郎，「創書院於盛家洲，顏之曰安樂廬」。這個「安樂廬」標以「盛家洲書院」列入

39　雍正《江西通志》，卷一五四，《藝文》。

名錄（前表 9 號），確難以教學型書院看待。再如董德元的孫子董億，有別墅在吉州永豐縣城東，「創潛樂書院，時與親賓尊酒論文，略無子弟過失」。所謂「略無子弟過失」，是對權貴後代的掩飾之詞，董億卒年才三十二，恐怕和「潛樂」過度不無關係。

書齋型書院與教學型書院的並存，是科舉之風強勁，「書院」成為文化時尚的一種反映。從源頭上說，教學型書院是在士紳書齋基礎上發展而來，是書齋功能的擴大與延伸。在教學型書院普遍常見之後，書齋型書院依然會有。然而，當我們將書院定性為教授生徒的機構之後，由於價值取向的側重，評介那些書齋型的書院就可能會出現微詞，或者一見「書院」之名就看作必然是教學型的書院，如對待周敦頤在廬山的濂溪書堂那樣。這種研究中的偏差，應當盡量避免。

三　官辦書院與書院官學化問題

書院發展至南宋，在民辦書院旁邊陸續出現官辦的書院。地方州縣長官以創辦書院為己任，利用行政權力，設立新的書院，或重建過去的書院，由州軍官府置備學田，派遣「山長」，或由州學教授兼任，確定相應的管理制度，有的奏請皇帝賜額，具有更優異的名分。理宗景定四年（1263），「詔吏部諸授書院山長者，並視州學教授」，書院山長與州學教授「體貌均一」，享有同等待遇[40]。於是，當地既有州軍學，又有官辦書院，實際上是

40　歐陽守道：《巽齋文集》，卷十四，《白鷺洲書院山長廳記》。

官府辦了兩所學校。官辦書院的出現，是書院這種教育形式普遍發展，日益受到社會重視的反映，是一批思想家希望通過書院這塊陣地，宣傳理學主張的結果。官辦書院的興起，顯示了文化教育、理學思想向上發展的趨勢，值得重視。

在官辦的書院中，江西地區的白鹿洞書院、象山書院，湖南的岳麓書院等表現更為突出，是眾多書院中的佼佼者，它們的社會名望高，影響大，具有很大的代表性。當時的士大夫關注它們，現代的研究者也以它們作為認識書院的立論根據。然而，官辦的書院畢竟數量很少，作用有限，而且處在興滅不常之中，如果只看到幾個官辦書院，將許許多多的民辦書院攏罩其下，實際上予以忽略，勢必以偏概全，既誇大了官辦書院的作用，也不能對書院教育獲得更全面的認識。南宋的學校教育發展，尤其是城鄉基層文化水平的提高，更多的是依賴散布各地的民辦書院。如果沒有民辦書院這個廣闊的教育基礎，不可能持續培養出千萬學子，源源不斷供應科舉人才。在充分注意到官辦書院的同時，必須將家族民辦書院置千應有的位置，才不至於只見樹木，不見森林。

南宋江西眾多的書院中，盧山白鹿洞書院、貴溪象山書院、鉛山鵝湖書院、南昌東湖書院、吉州白鷺洲書院、筠州樂善書院等，是名望比較大的書院，解剖它們，有利千考察南宋社會發展的大局，有利於瞭解思想領域的動向，更有利於看到江西地區文化教育的實際。白鹿洞書院、象山書院將在下面專節介紹，這裡介紹東湖書院、鵝湖書院、白鷺洲書院、樂善書院。

洪州東湖書院　嘉定四年（1211），隆興府通判豐有俊創

辦，地點在今南昌市中山路東段百花洲旁。這裡原是李寅的活虛閣，豐有俊在廢址上築室「以館遊學之士」，朝廷賜額「東湖書院」。李寅，建安人，北宋初棄官歸隱，其子李虛己任洪州通判，將他迎養千官署，見東湖景緻優雅，遂建涵虛閣一所，與二子虛己、虛舟在此研習經史，吟詩會友，人稱「三李堂」。現在豐有俊景仰前賢，承其餘緒建館之意是效法岳麓，白鹿等書院范列，「佐學校之不及」[41]。

豐有俊的建議得到上司支持，皆認為在東湖邊上「營棟宇，叢簡編，以便賢俊之翻閱，而榜之曰東湖書院，惟是為宜，僉言允協」。於是，由郡博士劉餘慶主持基建，以隆興府學的經費，在嘉定四年（1211）冬建成三十四間房，成為「門庭堂宇，宏麗崇深，庖湢器用，咸備尤缺」的書館，共耗錢二百萬、米一百餘石。江西轉運使胡棍又撥給東湖的部分水利、水產收益，江西提舉常平袁燮也劃給一些公田之租，供其日常開支。還徵集得江南西路十一州軍支援的圖書，備學者縱觀博采。他們向朝廷報告此事，寧宗敕賜「東湖書院」額。從師承關係上看，袁燮、豐有俊都是陸九淵的弟子，胡根是胡銓的孫子，他們合力興建東湖書院，自然是要宏傳陸氏學術，讓學者在此相與講習，光大」不假他求」的吾心之道，養心、立身，「人為之私，一毫不雜」，使儒道成為更多士人的自覺信念和行動。

出任東湖書院山長的陸持之，是陸九淵長子，「教諸生務使

41　袁燮《沽齋集》卷十，《東湖書院記》。

· 鵝湖書院照

人返求自得，以不失其情之本明」。他先前已經編訂《陸九淵文集》二十八卷，外集六卷，現在再「裒而益之」，合成三十二卷，袁燮將它重刊於東湖書院。朱熹弟子黃榦、李　曾在東湖書院講學，江萬里、饒魯等亦到這裡遊學，饒魯晚年並掌其教事。

信州鵝湖書院在今鉛山縣鵝湖鄉，位於古縣城永平鎮東北、今縣城河口鎮東南之間。書院以鵝湖得名，與鵝湖寺、「鵝湖之會「有割不斷的聯繫。淳熙二年（1175）由呂祖謙發起的朱陸聚會在鵝湖寺舉行，他們從此相互認識，有了更多的瞭解。在如何「教人」的問題上朱陸的主張不同，是方法之異，各有所長。二人有爭論，而交往在繼續。鵝湖會後，朱、陸之間有過更激烈的關千「無極」與「太極」之爭，又有陸九淵應邀赴白鹿洞書院講學，朱熹對陸關於「義利之辨」的分析大加讚揚。

朱陸的學術交往與鵝湖之會的影響，日益擴展開去，他們的後繼者之中有人持門戶之見，「互相抵皆」，由學術是非之爭轉向功利得失的較址。在此同時，「和會朱陸」的輿論強勁，他們看到朱陸各自側重的「道問學」、「尊德性」，只是仁者見仁、智者見智的差異，朱陸的基本點是相同的，「同植綱常，同扶名教，同宗孔孟」，都希望儒學倫理成為士人的精神支柱。鵝湖書院的出現是宏傳綱常名教，和會朱陸思潮的一個見證。

　　鵝湖書院建立之前，信州知州楊汝碩在鵝湖寺建四先生祠堂，紀念呂、朱、二陸鵝湖之會，並將陸九齡、九淵兄弟赴會時的詩刻於石。對此祠堂，江東提刑袁甫作《四賢堂贊》，稱頌呂、朱、二陸四人，其贊象山曰：「即心是道，勿助勿忘，愛親敬長，易簡平常。煌煌昭揭，神用無方。再拜象山，萬古芬芳」。贊朱熹曰：「道若大路，曲折萬端。辨析毫釐，用力甚難。上續伊洛，昭哉可觀。考亭遺規，世世不刊。「讚頌之後的序中，他對鵝湖聚會時朱陸的差異，明確表示不應「妄加揣摩」，認為那是符合「君子和而不同」的原則。他說：君子講學，切磋琢磨，「反覆辯明，唯求一是。君慮其不相合，心非而口然之，此乃淺丈夫之所為耳，何足以窺諸老先生之門牆耶。」[42]

　　這個評議，合符朱、陸的思想實際，有理論上的普遍意義，亦符合朝廷的統治旨意。作為高級地方長官的袁甫，其見解超出了他的理學家地位，具有權威性的思想指導價值。繼之而來的鵝

42　袁甫《蒙齋集》卷十六，《四賢堂先贊》。

湖書院，正是為貫徹這個教育宗旨而設的。

淳佑十年（1250），江東提刑蔡杭奏請於朝，賜四賢祠名文宗書院[43]。在當地和社會習慣上「文宗」之名不揚，倒是「鵝湖」長盛不衰。按《鉛山縣誌》，「鵝湖書院舊名四賢祠」，即是直把四賢祠等同於鵝湖書院，不以朝廷賜名文宗書院為開始點。四賢祠創建的具體時間不見記載，只能以袁甫寫《四賢堂贊》一事推定出大概時間。袁甫紹定二年（1229）開始在江南東路任提舉常平，三年冬任提刑，建四賢堂的信州知州楊汝碩是其下屬，故其贊文當是應楊之請求而作，時間該是紹定三年（1230）前後。這樣，鵝湖書院的起始時間就可以往前推約二十年。

有關鵝湖書院本身的資料稀缺。在鵝湖書院講學的，有陳文蔚、徐元傑。文蔚字才卿，上饒人，因同里餘大雅以師事朱熹，兩人情誼深厚，陳曾在朱熹家裡教館，與朱熹往覆書甚多。屢聘不起，在信州州學、饒州州學、袁州州學以及白鹿洞書院、南軒書院等處講學。據同治《鉛山縣誌》「寓賢」記載，陳文蔚也曾「聚徒講學鵝湖，以斯文自任，鄉邦遠近尊師之……門人徐元傑，字仁伯，號梅野，上饒人，亦追隨鵝湖講學數年」。徐元傑，紹定五年（1232），進士第一（事蹟詳後）。陳文蔭之學以躬行實踐為本，講學以正人心為本，其《克齋集》中所存講義九

43　同治《鉛山縣誌》學校 · 書院：「鵝湖書院，舊名四賢祠，縣北十五里。宋估朱衛、二陸講道之所。淳粘庚戌（十年，1250），江東提刑蔡杭請於朝，賜名文宗書院。」

條，「剖析義利之辨，尤淳淳切至」。從袁甫的理論見解，陳文
蔚的講學實踐看出，鵝湖書院沒有學派的色彩。

吉州白鷺洲書院淳佑元年（1241）江萬里創建，院址在吉州
廬陵城東的贛江白鷺洲上。江萬里是書院的積極創建者，理宗嘉
熙四年（1240），他知吉州兼提舉江西常平茶鹽，第二年即主持
創建白鷺洲書院。淳佑二年（1242）遷官江西轉運判官兼權隆興
府，為紀念週敦頤知南昌縣，奏建宗濂精舍於府城望雲門外龍沙
崗。又囑南安軍知軍林壽公建周程書院於大庾縣城。

白鷺洲自南而北呈梭形，今天面積有一點二平方公里，據說
它隨贛江水位高下，從不見其被洪水淹沒。該洲靜臥水中，無市
區喧囂，有竹樹煙雲，正是讀書講學、修身養性的地方。為紀念
理學先賢，弘傳儒學精神，培養忠義人才，江萬里「因命構樓，
開講學之堂，創立白鷺洲書院」，建有道心堂、文宣王廟、風月
樓等；設六君子祠，祀周敦頤、程顥、程頤、張載、邵雍、朱
熹。在道心堂內，揭示著朱熹制定的《自鹿洞書院揭示》，以為
規範。接著，置學田，聚圖書，徵選吉州八縣的生員講肄其中。

白鷺洲書院剛開始尚無山長，江萬里親為諸生講授，「載色
載笑，與從容水竹間」，沒有大官架式，「忘其為太守」』猶如父
兄之於子弟，「蓋有惷於成就後進者」[44]。其後受聘山長的人有
歐陽守道劉南甫、郭公度等，他們都是吉州人，究竟誰是首任山

第七章·學校與書院教育的興盛

長，諸家記載不一，尚待考證[45]。

理宗景定四年（1263），詔書院山長視州學教授，時任白鷺洲書院山長的黃嘉，「聞之欣躍」，他反觀山長地位逐漸提高過程，覺得自己的處境有欠缺：「此洲書院可容諸生數百，而余添為之長，乃假私屋以居」，「尚何州學教授之視」！他向吉州反映，於是在書院近旁建起了教授廳，有門廳、堂室、便坐數處，高明寬潔，內外整整，器用足備，無復缺欠。

歐陽守道認為，吉州所以會大力辦此書院，是生員眾多，對學校要求迫切，「蓋地方千里，而教授才一人，郡客之而不敢僚，今山長甫與為二，如吾廬陵士至二三萬，挾策來游者，不千州學則千書院，書院中授徒立所而為長者，乃王官，受命於朝，前代未之有也」。以一所州學對應二三萬求學之士人，決然無法滿足要求，開辦了白鷺洲書院，吸納「諸生數百」，仍是差距甚大，卻不可謂小補。確立了山長在官僚系統中的地位，官辦書院的社會影響相應增強，白鷺洲書院是一個例證。

筠州樂善書院這是一所官辦的宗子書院，專為一般宗室的子弟設置的。宋朝的宗子教育，開始千太宗至道元年（995），當時以近屬繁衍，置教授承擔教學。後來規定，七歲入小學，能誦《孝經》、《論語》以後升大學，又能誦兩經、善書札者，宗正將其人上聞。南宋以後，統治局面不同於北宋，眾多的宗室成員分

---

45 參見李才棟：《江西古代書院研究》，江西教育出版社一九九三年版，第202-205頁。

散安置，在臨安、紹興設大宗正司，在福州置西外宗正司，在泉州置南外宗正司，紹興十四年（1144）開始陸續在這三地設立宗學。到了寧宗時期，筠州知州王淹，與通判趙希宰商議，在嘉泰三年（1203）下半年，于州學之側創建「樂善書院」，生員「選宗子幼而未命者，以二十人為額」。這所二十個生員的書院建得莊重，外設重門，東西兩龐，龐各三齋，齋各有名。中為講堂三間，廩庖器用一應齊備。挑選「老成之士訓以經史，教官總其課程」。對頑童則「別立一齋，待不率教者」。該書院經費充足，「市田千畝，用足歲計」**46**，樂善書院是名實相副的貴族書院。趙希宰是名列「玉牒」的宗室成員，入讀者選自宗子，故而師資充足，設施齊備，學田廣闊。筠州不是宗正司所在，為何要辦宗子書院？我想至少有兩點原因，一是有趙希宰運作于上層，二是在筠州有較多的宗室成員**47**。

46　周必大：《文忠集》，卷六十，《筠州樂善書院記》。《中國書院制度研究》第一章稱，嘉定九年（1217）南宋王朝始復晉宗學於首都臨安，是在樂善書阮之後十兒年，「雖不得斷言，復智的宗學受到了樂善書院的影響，但二者間存在著某種聯繫是可以肯定的，至少可以說，禮失而求諸野，或此之謂也。」（見浙江教育出版社 1997 年版，第 13 頁）這個見解伯得重視，但有一點也需注意，《建炎以來朝野雜記》甲集卷十三《宗學》載：「紹興十四年（1144）春，惠國公士稏同知大宗正事，始請建學于臨安，學生以百員為額」，這可與周必大《筠州樂善書院記》所說「南渡以來，杭越首置諸王宮大小學教授」相互印證。既然如此，則「禮失而求諸野」的話就不好說了。

47　《明一統志》，卷五七，瑞州府・書院：「樂善書院在府治南瑞陽門外，宋郡守王淹以郡中宗姓實繁，乃創書院，置田，以教育宗子之孤幼者」。

在論述官辦書院的時候，有一個「書院官學化」的問題，需在這裡作簡單交代。這是書院研究中的一種認識[48]，對此論點我們還不能移用過來。我理解「書院官學化」，是指事物的發展過程，即民辦書院在逐漸蛻變為官營性質，由私家的書院過渡到官府的書院。然而這是不存在的。上述官辦東湖書院等四所書院以及下節說的白鹿洞書院、象山書院，都不是先有民辦書院，爾後才由私家逐漸化作官家，他們起始就是官府創辦，沒有私營的前身。如果說有一個私家書院向官學轉變的「化」的過程，就應該出現官化程度不等的各種書院，出現徹頭徹尾官化的書院在數量上占優勢的階段，很遺憾，不見這些事實。按理說，官辦比私辦有絕對優勢，為什麼沒有誘發富紳們跟風，像追求考進士那樣讓書院官學化？原因很清楚，一方面南宋官府沒有這種需求，也沒有能力辦那麼多書院，每個州縣設一所官學已成定制；另一方面，民眾也沒有哪家想把自己的書院變成官府的東西。

南宋的白鹿洞等官辦書院，是書院園地中的新品種，是朱熹等官員學者主持創辦起來的，帶有明顯的個性，雖斷續個別地出現，卻沒有引發地方官創建官辦書院的浪潮。有的士大夫反對這種做法，例如，洪邁說：「慶曆中詔諸路州郡皆立學，設官教授，則所謂書院者當合而為一。今岳麓、白鹿復營之，各自養

---

48 陳谷嘉、鄧洪波主編的《中國書院制度研究》認為：「官學化的含義是書院教育改變了它固有的質的規定性，即在書院創辦目的及培養什麼人和學校向誰開放這些重大問題上發生了根本性的變化」。見第七章，第437頁。浙江教育出版社一九九七年版。

士，其所廩給禮貌乃過於郡庫。近者巴州亦創置，是為一邦而兩學矣。大學、闢雍並置，尚且不可，是於義為不然也」**49**。洪邁「千義為不然」的意見姑且不論，他將官辦書院與州縣學等同，岳麓、白鹿書院是官府創辦，不是私營向官營轉化，則是事實。在眾多的民間書院中，看不到某個書院跟著部分地、或大部分地加進官府成分。始終是官辦、民辦各行其是，互不侵犯。所謂皇帝賜名，官府撥田，國子監給書，教授任命為官等舉措，全都只是官字號書院的權利，這些恩惠沒有一點落到民辦書院頭上。官辦書院與民辦書院的創辦目的、培養什麼人和向誰開放問題，並無本質上的區別。至於私家書院仿州縣官學安排課程，按科舉考試進行教學，這不叫「官學化」，這是在科舉指揮棒支配下本有的內容，絲毫沒有改變私家書院的民營性質。

四　白鹿洞書院的重建與象山書院的建立

1. 白鹿洞書院的重建

　　白鹿洞書院在北宋中期已經潰廢，直到南宋孝宗時期，朱熹為南康軍知軍，才重建起來，以一個典型的官辦書院形象開始了它的黃金時代。

　　北宋中期以後，隨著官辦州縣學大興，白鹿洞書院由衰落而廢棄，原址「蕩為丘墟，蓁為荊榛」。淳熙六年（1179），朱熹奏請修復該書院，說廬山「老佛之居以百十數，中間雖有廢壞，

49　洪邁‧《容齋隨筆》，三筆卷五，《州郡書院》。

今日鮮不興葺，獨此一洞乃前賢舊隱儒學精舍，又蒙聖朝恩賜褒顯，所以惠養一方之士，德意甚厚，顧乃廢壞，不修至於如此，長民之吏不得不任其責」。他強調白鹿洞書院的重要地位，有和佛老競爭、提高儒學的價值，更有崇尚本朝皇帝的意義，把未重修歸咎千地方長官，其中不無對朝廷的提醒。他又很低調，把重建說得簡易，「不過小屋三五間，姑以表識舊跡，使不至千荒廢埋沒而已。」[50]這是從實際出發，當時正值大旱災，請求減免賦稅，全力賑濟災民是當務之急，不宜大興土木。獲得批准之後，朱熹沒有苟簡從事，將書院看作「先王禮義之宮，所以化民成俗之本者」的物質載體來對待，將書院辦得很出色。主要做了以下兒件事：

提高名望。奏請朝廷依岳麓書院例，以白鹿洞書院隸屬南康軍學；並請賜以「白鹿洞書院」名額。又請得國子監給御書石經、印版本《九經疏》、《論語》、《孟子》等書，給書院「奉守看汝」。

邀請呂祖謙著文記其事，以資流傳。呂祖謙《白鹿洞書院記》說：「中興五十年，釋老之宮妃千寇戎者，斧斤之聲相聞，各復其初，獨此地委於樸莽，過者太息，庸非吾徒之恥哉。郡雖貧薄，顧不能築屋數楹，上以宣布本朝崇建人文之大指，下以續先賢之風聲於方來乎。乃屬軍學教授揚君大法，星子縣令王君仲

50　朱熹：《晦庵集》，卷二十，《申修白鹿洞書院狀》。

傑董其事」[51]。呂祖謙此文在寫作之中，朱熹參與了意見，在一定程度上是他們共同的作品。此文闡明了建此書院的緣起和意義，點明從指導思想到建築工程全都是官府的行為。

建築院舍、置辦學田。實際建屋二十餘間，竣工於淳熙七年三月。置辦學田，買牛，供書院開支費用[52]。朱熹《洞學榜》公告說：「山林田土，亦已標籤界至，措置撥買」。

徵集圖書。籲請各方贈書，他公告說：「承本路諸司及四方賢士大夫，發到文籍收藏，應付學者看讀」。也接受師友贈書，朱熹為清江學者劉靖之作傳，靖之的兒子劉仁季「以其先人所藏漢書四十四通為謝，時白鹿洞書院新成，因送使藏之，以備學者看讀」[53]。

挑選生員一二十人，敦請教官，認真從事教學。朱熹在繁忙的賑災公務之餘，也到書院講學，宣傳他的理學思想。書院落成的三月十八日，他即到場講《中庸》首章《或問》的內容。

手訂《學規》，提出「五教之目」，「為學之序」以及修身、處事、接物之要，敦促生員自覺讀書、修身。朱熹在學規序言指出：聖賢教人為學，「莫非使之講明義理，以修其身，然後推以及人，非徒欲其務記覽，為辭章，以釣聲名，取利祿而已」。這

51　呂祖謙：《東萊集》，卷六，《白鹿洞書院記》。
52　據正德・李夢陽《白鹿洞書院新志》卷一，《沿革》：「朱子尋又置谷源等莊，及旁邑沒入田八百七十餘畝為學田，以贍生徒」。後來，在淳熙十二年增給浮居詭名沒入田七百餘畝，嘉定十四年再增沒入田三百畝，咸淳間復臂貢士莊。
53　朱熹：《晦庵集》，卷八一，《跋白鹿洞所藏漢書》。

是朱熹辦書院的宗旨，也是南宋許多學者共有的主張。這個學規簡而有要，突出修身做人教育，長期為其他書院、學校仿效。學規中定下的博學、審問、慎思、明辨篤行五點為學之序，邏輯嚴密，符合客觀規律，至今不失實踐意義。

請人講學，交流思想，擴大影響。淳熙八年（1181）二月，邀請陸九淵來講學，九淵講「君子喻於義」，朱熹認為「切中學者隱微深錮之病」，遂請寫出來，將其刻石立碑，期使後來者閱讀，反身深察，不入歧途。

白鹿洞書院重新躋身書院之林，迅速成長為朱熹理學傳播重地。朱熹有奠基首創之功，但也離不開當時的眾人襄助，如書院建築工程是南康軍學教授楊大法星子縣令王仲傑董其事，至於後來者的努力，更不能忘記。書院的屋宇是逐步增建壯麗起來的。開始時，「歲適大侵，役從其簡」，是在力不足而意有餘的條件下重建，規制狹小，質量很低，下幣即漏，「不能無隋損」，需要經常修訂。嘉定十年（1217），朱熹第三子朱在知南康軍，又一次鳩工度材，增建前賢祠，寓賓館，東齋；擴建進入白鹿洞之路。原有而破舊的禮殿、直舍、門塘、庖湢之屬均修繕一新。經這次大修之後，「其規模開壯，皆它郡學所不及」[54]。

白鹿洞書院不是長期持續旺盛，而是興衰起伏不定，皆因人而異。推動其再次興旺的地方官、院長還有如：

李播，建昌縣（今永修）人，朱熹門人。在寧宗慶元年間嚴

54　黃榦：《勉齋集》，卷二十，《南康軍新修白鹿書院記》。

禁偽學之時，他率領同門學友會葬朱熹。南康軍知軍聘他為自鹿洞堂長，宏傳朱學，書院名聲大振，「學者雲集，講學之盛他郡尤比」，自鹿洞書院又一次興盛。

袁甫，浙江邢縣人，紹定四年（1231）為江東提舉常平，後兼提點刑獄。紹定六年（1233），袁甫至南康軍巡視，見白鹿洞書院廢弛久，乃與南康軍知軍史文卿合力進行重修，增建君子堂，紀念週敦頤。他撰有《重修白鹿書院記》、《白鹿書院君子堂記》，說：書院是重修，君子堂為新創，「重修者，起六十年之廢壞；新創者，廣六十年之未備」[55]。由紹定六年往上推六十年，是朱熹重建白鹿洞書院之時，這就意味著朱熹離開南康軍以後，白鹿洞書院即在衰落，房屋建築繼朱在修建之後，又逐漸被「廢壞」，經過袁甫這次重修，才又振起。

張洽，清江縣（今樟樹）人，朱熹門人。袁甫將書院重修之後，先後邀請朱熹弟子張洽、湯巾為院長，主持講席。張洽對書院大力整頓，在諸生中選其好學者日與講說，對不率教者則淘汰。並清理學田，將被豪右侵占的書院田畝，悉力收復回來。不久，張洽以年老辭去。湯巾繼任院長，他接續張洽的工作，」悉力振起」，於是一時「多士聞風來集」。

又據《名公書判清明集》載，白鹿洞書院學田有東原莊，但因「創置年深，田鄰豪戶，日朘月削，包占入已，不復可究詰」。後來經過湯國正、呂教授經理，通過官府判決，書院學田

---

55 袁甫：《蒙齋集》，卷十三，《白鹿書院君子堂記》。

歲入米二百四十石。[56]

2. 陸九淵山中講學與象山書院的建立

陸九淵在貴溪象山連續講學四五年，一般認為這是象山書院的開創時期。

依此成說，則像山書院初始階段從淳熙十四年（1187）開始，是純粹的民辦，生徒自帶錢糧，自找住所，毫無設施和規章，也沒有名號。紹定四年（1231），江東提刑奏請獲准，建立「象山書院」，便是正式的官辦書院了。陸九淵這幾年有講學的客觀事實，完全應該認定它是書院，故沿用成說；然而注意到它前後的更革，題作「陸九淵山中講學與象山書院的建立」，更切實際，且突出了各自的品格特色。為求簡明，以下行文不論前後統稱「象山書院」。

象山書院在教育與學術上的重要地位，既因其民辦時生徒眾多，特色鮮明，影響巨大；又因是陸九淵學術思想的重要傳播基地，隨著陸學的擴散而傳開。

淳熙十三年（1186）冬，陸九淵在敕令所刪定官位置上，因輪對奏事，被給事中王信疏駁，罷為主管台州崇道觀。主管宮觀就是閒居，可以回家休息。撫州金溪學者得知陸九淵回來了，四面輻輳而至，鄉里長老也相隨聽他講學。每次在縣城開講，聽眾不下二三百人。金溪縣官為他在縣學設講席，從游者特多。十四年（1187）春，陸九淵受門人彭興宗（字世昌，金溪人）延請，

56　《名公書判清明集》，卷三，《臼鹿書院田・又判》。

· 「象山書院照」明正德七年（1512）
鐫刻於石壁，每字大約一平方
米。在今貴溪一中校內。

去貴溪應天山（距縣治西南 60 華里）遊觀，他步入山中，見山
形宛如巨象，即改應天山為象山。彭興宗徵得山主張氏兄弟同
意，乃結廬以請陸九淵入山講學[57]。其居室書額「象山精舍」，
自號象山翁，學者因稱之象山先生。他給楊簡（字敬仲）信中
說：「精舍」二字出《後漢書·包咸傳》，「儒者講習之地，用此
名甚無歉也」[58]。

---

57 陸九淵應彭世昌之邀，上象山結廬講學的詳情，陸九淵在《與王謙
　　仲》信中有細緻介紹，見《象山全集》卷九。
58 《後漢書》，卷一〇九，《包咸傳》·包咸（西元前 6-西元 65），會稽
　　曲阿（今江蘇丹陽）人，東漢著名的經師、學官，」咸往東海，立粕

　　九淵居精舍，又選地建講堂，諸生從各地「裏糧」而來，環其精舍結廬而居。他在講堂前面又建一閣，名曰圓庵，登閣縱覽，群山盡收，氣象雄偉。生徒所居，各因山勢選址構築，各憑志趣取名，有居仁齋、由義齋、養正堂、明德、志道、儲雲、佩玉、愈高、規齋、蕙林、達誠、瓊芳、灌纓、池浸、月池、封庵、批荊，等。一時間象山墾闢，架鑿有緒，儼然一個文化聖地。四方諸生慕名而來，自帶錢糧求學，故而自覺，積極，研習切磋，氣氛濃烈。

　　陸九淵強調學生提高自覺性，注重啟發學生自立意識。他對「時文」持否定態度，不滿於科舉考試說空話的不良風氣。他對山中的教學生活很滿意，紹熙二年（1191）得到湖北荊門軍知軍任命之後，他告訴友人：「同志之士，方此盋簪細繹簡編，商略終古，粗有可樂。雖品質不齊，昏明異趣，未能純一，而開發之驗，變化之證，亦不可謂無其涯也。倘得久於是山，以既厥事，是所願幸」。[59]

　　朱熹評議陸九淵的講學與門生狀況：「今浙東學者多子靜門人，類能卓然自立，相見之次，便毅然有不可犯之色。自家一輩

舍講授」。會稽太守黃說欲召他入官衙教授其子，他回答：「禮有來學，而無往教」。此外，《劉淑傳》：「隱居立稍舍講授」；《檀敷傳》：「立精舍教授」；《姜肱傳》：「盜就精廬求見（注曰・精廬，即稍舍也）」。又，《三國志》注引江表傳曰：「千吉來吳，立精舍，燒香讀道書，製作符水以療病」。所以，精捨本為學者所立，儒、道均有。

59　陸九淵：《象山全集》，卷十一，《與陳宰・二》。

朋友，又卻覺不振」；「子靜之門如楊簡輩，躬行皆有可觀。」**60**

紹熙二年（1191）秋，陸九淵將赴荊門上任，臨行前囑傅季魯堅持山中講學：以後像山就靠你了，「其為我率諸友日切磋之」。又對諸生說：吾遠赴荊門，「不得為諸友掃淨氛穢，幸有季魯在，願相依親近」。

九淵在象山的講學，憑藉他的學術魅力盛極一時，隨著他去荊門，此種講學式的民間書院不可避免地會起變化，乃至衰落。先是門入傅季魯秉承九淵囑托，繼續維持。後由彭興宗接任。然而諸生陸續散去，山中日益敗落。紹定三年（1230）江東提刑趙彥械（楊簡門人，陸九淵再傳弟子）來貴溪，瞭解到祖師講學故地的現狀，他說：「象山蓋學者講肆之地，先生沒，山空屋傾，將遂湮沒」，遂重修象山精舍，旨在「存先生之故跡，使人因先生之故跡思先生之學，思先生之教」**61**。

紹定四年（1231）六月，江東提刑袁甫（浙江鄞縣人），以陸九淵「發明本心之學，有大功千世教」，奏請創建「象山書院」。由於象山中的「祠宇荒頹」，而且遠離縣城，山中崎嶇，交通困難，遂將書院建在貴溪縣城附近的徐崖。當年冬天，書院落成，築室百楹，有三先生祠，祀陸九淵，配以楊簡、袁燮兩大弟子。有彝訓堂，為師生講明問辨之地。所建齋房曰志道、明德、居仁、由義；精舍曰儲雲、佩玉，沿用象山中廬舍的名稱，

60 朱熹：《朱子語類》
61 陸九淵：《象山全集》，卷三六，《年譜》。

「又皆象山先生之心畫也」[62]。書院「買田養士」，延請楊簡門人錢時為堂長，主持教學。紹定五年（1232）閏九月，朝廷賜「象山書院」額。紹定六年（1233）七月，金溪知縣陳詠之也在縣衙之西、二陸祠堂右側，建象山書院，」買田養士」，禮請傅季魯主教。至此，象山書院在地方長官全力主持下，在陸門理學家大力宣揚中，正式納入官學軌道，開始了新的發展階段。

　　袁甫在象山書院開工祝文中說：九淵先生的精神，存在於金溪之故廬，存在於象山之精舍，現在徐莊的書院，「是可宅先生之精神，尤在尤不在也。先生之道，精一匪二，揭本心以示人，此學門之大致，嗣先生之遺響，警一世之聾瞆。平易切近，明白光粹。至今讀其遺書，人人識我良貴」。傅季魯在金溪象山書院記中說：「象山先生稟特異之資，篤信孟子之傳，虛見偽說，不得以淆其真，奪其正，故推而訓迪後學，大抵簡易明白，開其固有，無支離攪擾之失，而有中微起痼之妙」[63]。非常顯然，在南宋理宗時期，陸九淵學術思想的巨大影響仍在。袁甫說「書院之建，為明道也」，這是他建象山書院的目的，但他不單是為陸學著想，而是認為「發明本心之學，有大功千世教」。

62　袁甫：《蒙齋集》，卷十三，《象山書院記》。
63　《象山全集》卷三六，《年譜》。

第三節 ▶ 民辦書院教育與活躍的鄉先生

南宋江西庶族階層壯大，富而好學，希圖子弟走科舉之路，獲取官爵，光大家業。然官學的生員名額有限，一個縣學，「生員二十餘人」，滿足不了社會需要，遂各自量力開展私家教育。從教學效果考慮，家學中對子弟的督責更嚴。有的是父兄教子弟，盡心盡意，樂平王剛中在孝宗時官至同知樞密院事，而「公幼學尤師，受業丁兄軍器監丞（王）必中」。多數聘請鄉先生來家教授，他們的責任心強，故而成效往往優於州縣官學。盧陵蕭壽甫，自身科場不利，即棄而不再考，在家潛心研讀教子，「所校儲把玩，愈老愈篤，子孫多所嚴事，而自教者居多」[64]。袁州分宜夏侯世珍，其家富有而祖上皆不仕，尤政治權勢，他的父親見世珍聰慧，從小喜歡讀書，於是「市書萬卷，博延師儒，用懋其學」，後來雖然未能出仕，卻有了一批官宦朋友，如刑部尚書蕭公、直顯謨閣楊公、監察御史謝公，「皆折輩行與世珍交」[65]。理學宗師朱熹，也召弟子陳文蔚到家，教其孫子讀書[66]。

這些家庭式的教學活動，是當時社會條件下民眾自己興辦的，普遍而有實效的教育形式。民辦書院由家庭或家族運作，一個先生主持教學活動，閱讀經史，寫作詩文，傳授科考技能，全

64　《劉辰翁集》，卷七，《硯壽甫墓誌銘》。江西人民出版社一九八七年版。

65　楊萬里：《誠齋集》，卷一二九，《夏侯世珍墓誌銘》。四部叢刊本。

66　陳文蔚：《克齋集》，卷十四，《祭朱先生文》說：自己在「丁巳（1197）之冬，戊午（1198）之春，招之使來，授業諸孫，因獲終歲待教詳諍」。

都安排進行。它們的教學水平及其效果，也是因人而異，參差不齊。大致上說，這些書院圍繞科舉目標，認真地教學，經常仿照科場樣式出題考試。從私家文集中可以見到家塾的模擬策問試題，如周必大《文忠集》錄存有《家塾策問 7 則》、《家塾策 12 則》。呂祖謙《歷代制度詳說》十二卷，也是「採輯事類，以備答策，本家塾私課之本」，即是在他的麗澤書院講課答問的本子。

一　著名的民辦書院

一百多所私家書院之中，有比較具體的文字記錄者不多，現就我所知道的再介紹幾個如下。

玉山劉氏義學：創辦人劉允迪，信州玉山人，曾為江州德安縣令，淳熙年間在家等待新的官位，認為自己家族單弱，不太富裕，出仕又晚，沒有別的能力關照親族，遂開辦鄉學，「割田立屋，聘知名之士以教族子弟，而鄉人之願學者，亦許造焉」。同時，出財力關照族人的生活，「凡所以完葺丘壟，周恤族姻者，亦取具焉」。他這是把義田、義學一併舉辦，義學中有鄉入子弟，義田周恤的對象為族人姻親兩部分。他的兄弟中也有人出資襄助。劉允迪為了把此事辦好，堅持久遠，他請信州長官吳某發表文告，公布此事。稍後，淳熙十五年（1188）九月，又請朱熹寫文章闡明其辦學用竟，激勵在義學中教與學者爭氣，不辜負他的苦心。

朱熹瞭解劉允迪，是任南康軍知軍的時候。劉為德安知縣，遇饑荒，請求蠲租，江州不允。飢民出逃，他緊急派人追回，對飢民說：若是不能為你們請得蠲減十分之七，我寧願棄印丟官，

也不忍使你們做異鄉鬼。民眾為之感泣，相與攜持而歸。官民合力再請，竟得如約。朱熹主持南康軍賑災，要星子、都昌、建昌三縣去德安學習賑救經驗。朱熹對劉允迪興辦義學之舉評議說：

今士大失或徒步至三公，然一日得志，則高台深池，撞鐘舞女，所以自樂其身者，唯恐日之不足。雖廩有餘粟，府有餘錢，能毋為州里災害則足矣，固未暇以及人也。如劉侯者，身雖寵而官未登六品，家雖品而產未能千金，顧其所以用心者乃如此，是則可謂賢遠於人。……古人之所謂學者，豈讀書力文，以於祿利，而求品飽之云哉。亦曰明理以修身，使其推之可以及夫天下國家而巳矣。群居於此者，試以此意求諸六經、孔孟之百，而深思力行之，庶其有以不負劉侯之教也。**67**

朱熹在讚揚劉允迪之時，鞭批士大夫中的腐朽者，並由此申述為學的宗旨啟發義學中人不僅是為利祿，求溫飽，還要明理以修身，推及於天下國家。朱熹借題發揮的這篇議論，不僅是為這所民辦書院而言，也是表達他對士大夫的現狀，對整個書院、州縣官學的基本觀點。

清江劉氏「墨莊」：這所「墨莊」在諸家書院名單都沒有登彔，然而它是一所維持時間長，培養人才成效卓著的民辦書院。劉氏「墨莊」在清江縣（今樟樹市）黃土崗鎮荻堅村委會劉家

67　朱熹：《晦庵集》，卷八十，《玉山劉氏義學記》。

村，東北距市區四十六公里，歷史上屬新喻縣管轄，一九五三年七月劃歸清江縣。

「墨莊」不稱書院，並非不是書院，而是其主人命名的旨意不同。「墨莊」創辦人是北宋太宗時代的劉式夫婦，他們積餘財蓄書，卒後遺產「獨有圖書數千卷」。其妻陳氏謝絕了置買田產的建議，對五個兒子說：「此乃父所謂『墨莊』也」，「今貽汝輩為學殖之資，能遵是訓，則吾子也」。[68]劉式夫婦的志向與心願，在後代身上得到了兌現。例如北宋的劉敞、劉放，南宋的劉靖之、劉清之，其家族子孫一代又一代從「墨莊」走向科舉出仕，成了文章道德兼優的聞人。

劉式長子立本，出仕後定居蘇州，建寶書閣一座「聚書數千卷」，把「願莊」事業傳播到了江浙。

老家的「墨莊」，中更北宋末年的戰亂，書冊散亡。南宋時局轉安以後，劉式玄孫劉隙，念先世所藏書已散亡，「節食縮衣，悉力營聚」，重建「墨莊」，「乃請江南徐兢、錢唐吳說，各以所善篆楷為作『墨莊』字」。劉滁任建安豐國監的監官時期，「在建安買書五百策」。滁的兒子靖之、清之繼續保藏增益書冊，至紹興二十二年（1152），重又達到數千卷。

劉滁妻趙夫人，「賢而有文，夫婦（人？）手寫經史以課兒女」。劉滁友人郭景仁、楊願教其子靖之，而「靖之每夕歸，轉

68 劉清之：《戒子通錄》，卷八，《陳夫人》。四庫本。

以教其弟清之」**⁶⁹**。在北宋、南宋更代時期，衣冠子孫或墜失其緒，衰敗失傳了，劉淌夫婦獨能「兢兢追誦先世之意」，而其子又能紹述其志，有聞於世，故而受到社會敬重。北宋時安定胡媛之父胡訥編撰《墨莊陳夫人賢惠錄》，該書流傳至長沙。開慶元年（1259）五月，歐陽守道從劉氏裔孫手中看到這本《賢惠錄》，評曰：「江西名家劉、歐陽最居先，皆有賢母，陳夫人以墨莊教子，鄭夫人以获書教子。陳夫人有墨莊，故諸子之為學也易，鄭夫人唯获書，故六一公長成，借書千鄰李氏子家，是則歐陽難也。此他日六一公記事有疑，所以多質於公是」**⁷⁰**。他在比較中突出了「墨莊」育人的優勢。

乾道九年（1173）二月，朱熹應劉清之請求寫《劉氏墨莊記》，轉述劉清之的話說：不知底細的人總以為建「墨莊」是企望子孫讀書當官，進出於「青紫車馬之間」，其實非是，在於「耕道而得道，仁在夫熟之而已」。朱熹並進一步引申說：

非祖考之賢，孰能以詩書禮樂之積，厚其子孫；非子孫之賢，孰能以仁義道德之實，光其祖考。**⁷¹**

---

69 羅願：《羅鄂州小集》，卷四，《劉豐同行錄》。
70 歐陽守道：《巽齋文集》，卷二二，《題墨莊陳夫人賢惠錄》。
71 朱熹：《晦庵集》卷七七。元朝吳澄《墨莊後記》，進一步發揮「墨莊」的宗旨和朱熹的見解，他說：書是寸人之田，「用之以明義理而為聖賢者上也，用之以資博洽而為詞章者次也，用之以謀利柤而取富貴者下也，莊一也而用有三，志之高卑各異爾」，劉清之「恐人疑其治莊之志出於下等也，乃請朱子發揮其先代之所望於子孫者，蓋在上而不

科舉出仕，世以為榮，而劉清之卻揭示一個「耕道熟仁」的高尚精神追求，表現出對儒學道義精神的深刻領悟。朱熹對「耕道而得道」的詮釋，是對劉氏家學優良傳統的表彰，並賦予它普遍性價值。寧宗時期，趙蕃讚揚劉氏「墨莊」的社會意義，可以和國家的盛衰等同：「勤力漢疏傳，遺安龐德公。公家業異此，衰盛國應同」。[72]

總而言之，「墨莊」從北宋初創辦持續至南宋中期，一直受到學界的重視；它有比較豐富的藏書可供閱讀；父兄教子弟，歷代中高科，為顯宦的人不少；而且標舉出「耕道熟仁」的道德追求，堅守不替，並非空話。這四點證明「墨莊」是成效特顯的民辦書院，和宋代其他書院相比毫不遜色。

南城吳氏書樓：南城吳伸、吳倫兄弟，於紹熙五年（1194）以私財建社倉，又以錢百萬，在社倉旁建書樓，儲書數千卷，會友朋教子弟。朱熹為大書「書樓」二字。書樓之下為汝書堂，書堂兩旁有二小閣，左則陸象山書其額曰「南窗」，右則謝諤書曰「北窗」。書堂之後的「榮木軒」又為朱熹所寫。吳氏兄弟是沒有官位的鄉紳，能「為社倉以惠其鄉，為書樓以善其家，皆其力之所及」，受到社會讚譽。[73]

陸游指出，吳氏兄弟的設意深遠，一般人只認為他們捐費以為社倉，凶歲可使民免千死徙，是積德，有好報應，若子孫不

在下」。

72　趙蕃：《章泉稿》，卷四，《賦劉子澄墨莊》。
73　陸游：《渭南文集》：卷二一，《吳氏書樓記》。

學，則不足以繼承。這是粗淺的理解，吳氏兄弟還有更深層的期望，使子孫有和社倉相稱的人品：「吾為是舉非一世也，吾兄弟他日要當付之後人。人不可（不？）知吝則嗇出，貪則漁利，怠荒則廢事，雖面命之或不聽，於遺言何有，唯學則免是三者之患，而社倉雖百世可也」。[74]吝則嗇出，貪則漁利，怠荒則廢事三者，是人生大患，議書，學習，才必須是能免此三患。由此看來，吳氏辦書院的宗旨是著重子弟人品的培養，不是追求所謂社倉積德，求取荒忽無稽的「報應」，寄希望於子弟自覺施行仁義，摒棄圖私利的市儈行徑。

南城傅氏曾潭講堂：南城學者傅夢泉，字子淵，號若水，從學千陸九韶、九齡、九淵兄弟，紹熙二年（1191）中進士，在自家曾潭岸邊，構堂居息，兼以誦習，學者稱曾潭先生。巾於他的學術聲望的感召，「一時遠近初學之士，咸踴而就之。不逾年，聚者益眾，堂隘不能容，至有舍逆旅間，昏旦入請者」。傅夢泉的私人講堂，顯然已是生員眾多的著名書院了。

鑑千人多屋小，他進行了擴建。講堂背山面水，周圍種翠竹，山上多松檜，「講堂」中間是書樓，樓上藏有古今書籍，樓下「祀先生（指陸九淵）及先生之所自傳者」。這證明傅夢泉是正統的陸九淵學派傳人，其曾潭講堂則是傳播陸學的基地。在書樓東西兩側，分列生徒學舍，每間學舍可安置兩張床，以及其他用具。這個書院的建築規模已經相當可觀了。

---

74 陸游：《渭南文集》：卷三十，《跋南城吳氏社倉書樓詩文後》。

傅夢泉要求弟子發憤進德，他對弟子說，比較我當年追隨陸先生，在象山求學的敝陋環境，曾潭的條件好多了，然而你們「進修之功不逮千予者遠甚」。他批評門生「安居美食，日厭其中而不思所自奮」，要求「收爾放心，振爾懈氣，循循勉勉，由下學以進上達，庶幾以不負斯堂者，得不負先生焉，則幾矣」[75]。傅夢泉對門生的批評，也是陸九淵的看法。陸九淵曾寫信告訴傅夢泉：「建昌問學者雖多，亦多謬妄」[76]。氣這位私人書院的創辦者與教育者，在培養人才上的負責精神，不亞於州縣官學的某些教授。

安福劉氏書館：安福劉庭直祖上由宜春遷豐城，再遷安福，祖父以上幾代人皆不仕，致力治家業。大約北宋後期，其父劉仕先手上「家益富饒」，「始置書館教書，聚書至萬卷，日延四方賢士，以故諸子交遊日廣，而學日新」。到了南宋，其家子弟相繼科舉出仕，「紹興初，以詞賦取士」，當年劉庭直與兄禹錫同貢於禮部。第二年劉禹錫登第，厥後劉庭直復以詩學被薦，明年亦登第，官至左奉議郎。庭直的姪兒劉承弼，是「鄉貢進士」，即已經取得參加朝廷考試資格的人。劉家富裕之後辦書館，於是子弟科舉出仕，「鄉人榮之」[77]。入們崇尚富室經營書院，有了財富還要科舉出仕，已是社會的共識。

75　傅夢泉・《齒濡講堂記》，《南城縣誌》卷三二，《藝文文獻》。新華出版社一九九一年版。

76　《象山全集》卷六，《與傅子淵》三。

77　王庭硅・《瀘溪文集》，卷四四，《故左奉議郎劉君墓誌銘》。

新昌李氏荷溪書堂：新昌（今宜豐）鄉紳李希周，二十歲貫通經史，工於詩詞，自已絕意仕途，但傾家財興辦書院，教育子弟。在南宋晚期建荷溪書堂（今敖橋鄉荷舍村），有屋數十楹，置學田百餘畝，供教學之需，是以四方來學者雲集。

綜觀民眾自辦的書院，其形式不拘一格，宗旨則一，皆為延請學人教子弟讀書，盼望他們能夠赴科考，得官位，光耀門庭。朱熹、劉清之等學者反覆強調應科舉不僅是為祿利，還必須踐行道義，這正是社會崇尚科舉，而士人忽視修身的反映。

二　活躍的鄉先生

私家書院的教學，有的是父兄教子弟，有的聘請鄉先生，受聘者亦稱教館。鄉先生和民辦書院彼此依存，互相促進。活躍在鄉間的教書士人也稱作「教書夫子」，陸游《秋日郊居》詩八之七說：「兒童冬學鬧比鄰，據案愚儒卻自珍，授罷村書閉門睡，終年不著面看人。（農家十月乃遣子入學，謂之冬學。所忩《雜字》、《百家姓》之類，謂之村書）」[78]所記雖然是吳中之民情，然而江西地區也有這種村學。《宋會要輯稿》載：「江西州縣有號為教書夫子者，聚集兒童，授以非聖之書，有如《四言雜字》，名類非一，方言俚鄙，皆詞訴語」[79]。陸游所說的《雜字》，應該是《四言雜字》的簡稱。在南宋時代使用方言教學，

78　陸游：《劍南詩稿》，卷二五。
79　《宋會要輯稿》，刑法二之一百五十。

正常而合理，指責為「皆詞訴語」，是以偏概全，不符實際。這兩條事例所說的教書者，看來是水準相對低的，但是不能絕對化，因此就說「教書夫子」全都比鄉先生水平更低。鄉先生、教書夫子二者名稱之異，參照袁采的說法，南宋人有很攏統的區分，大致上把教書夫子指為教兒童者。

袁採認為：「士大夫之子弟，苟尤世祿可守，尤常產可依，而欲為仰事俯育之資，莫如為儒。其才質之美，能習進士業者，上可以取科第，致富貴；次可以開門教授，以受束修之奉。其不能習進士業者，上可以事筆札，代箋簡之役；次可以習點讀，為童蒙之師。」[80]他的界線是進士舉業，上等獲得進士功名，未中進士的次等教書，界定為「開門教授」之人即能夠教導生徒習科舉業。不能習進士業者，上等的做文書，或代人書寫簡牘，次等的可以教書，則稱作「童蒙之師」，因為只會「點讀」，也稱「句讀」，即讀文章有斷句的能力。古文皆無標點要將聖賢典籍準確點讀，談何容易，兩漢以後因句汶而產生對經典旨意之爭，不勝枚舉。此外，一個人的見識、品德、操守更非以其職業現狀來劃分的。如不能為儒，則醫卜星相、農圃、商賈、伎術，凡可以養生，而不至於辱先者，皆可為也。

士子眾多，在科舉選官的淘汰制度中，只有少數人上升，中進士，得官爵，多數人落第回鄉，自謀職業，形成一個上小下大的士人金字塔。活躍在縣鄉的鄉先生，是這個塔底層的重要成

80　袁采：《袁氏世范》，卷中。

員。鄉先生一般為沒有進士功名的讀書人，有的以教館為過渡，幾年之後再應科舉而出仕，有的則以此謀生，終身授徒，亦稱「傭書」。傭書為生的人，遇科舉之年，即招攬士友代其作試卷，以圖潤筆報酬。從州縣走出去，有科舉而仕宦的士大夫，幾無沒有受過鄉先生教誨的，故而答謝鄉先生，成了士人的慣例。

鄉先生受聘於私家書院，受教生員少的幾人、多的十餘人，主要是本族、本地子弟，也有慕名而來的外地生員。武寧汪文舉帶著孫兒汪膠遠走建康，向鄉先生蔡清宇求學。蔡清宇的「門入以百數」，如汪氏祖孫俱在則僅有。這位汪文舉望孫成龍，全職陪讀，終於如願以償，孫子成了名進士。成功的範例，誘發更多的富裕戶走這條讀書、出仕之路，「鄉先生」這個行當也因此更趨旺盛。

不少名宦學者，年輕時得益千鄉先生的栽培。周必大年輕時，以「童子」身份在鄉校拜鄉先生梁充道為師，接受他的「訓勵獎與」。楊萬里從十四歲開始，拜鄉先生高守道為師，與其子高愷順為友，同堂讀書，同居一室。十七歲開始，去安福拜王庭珪為師，在人品、學術多方面得其教誨。而王庭珪年輕時，也曾是鄉先生的弟子，「少嘗師鄉先生張汝明」，奠定了良好的基礎。安福劉安世，出仕之前在家教書，「士之來學者百千人」，楊萬里認為他善千根據各人的智慧程度施教，「人人自以為得先生教」[81]。

81　楊萬里·《誠齋集》，卷一一八，《朝奉劉先生行狀》。

反之，另一批學者名流，出仕前曾經教館，充當鄉先生。謝諤（1121-1194），字昌國，臨江軍新滄縣人。學者稱良齋先生。紹興二十七年（1157）進士，累官至御史中丞、權工部尚書。出仕以前，在吉安蘭溪曾家的槐堂書院授徒講學，名聲傳出，自遠地來學者，「北自九江，南暨五嶺，西而三湘，東則二浙」，群聚於堂下，接受他的「詩禮之訓，仁義之實」的教育。一二十年之後列布朝野的士大夫，「或以學聞，或以行著，或以能稱，或以文炳者，多良齋之門人弟子」[82]。謝諤教人立志，「要以聖賢自期，毫末私意不介胸中，然後能與聖賢相似」。他躬行實踐，不參與門派爭論，「未嘗與世之講學者角異同」，[83]受到學者敬重。

馬廷鸞，樂平人，年輕時曾是鄉先生。他家境貧寒，但「甘貧力學。既冠，里人聘為童子師」[84]遇有酒食宴請，總是思念母親蔡裳不給，食不下嚥。淳拓七年（1247）考中進士，咸淳年間官至宰相。

董觀，永豐入。先做鄉先生，再考中進士。他的曾祖、祖父、父親皆有功名，出仕為官。他自己「慨然有志於學」，曾以鄉舉貢於禮部，卻沒有考中，「自是以經術教導鄉閭，族人子弟皆從之遊」，[85]成了永豐縣有名的鄉先生。他的私塾很旺盛，門

82　《誠齋集》，卷一三一，《靜庵居士曾君墓銘》。
83　《宋元學案》卷二八，《兼山學案》。
84　《宋史》，卷四一四，《馬廷鸞傳》。
85　王庭珪：《瀘溪文集》，卷四四，《故左朝奉郎前知潯州籃公墓誌銘》。

生中有他的侄兒董德元。若干年後，董觀再赴考，中進士，官至廣西潯州知州。

品學兼優的鄉先生，有很高的社會名望。蕭楚（？-1130），字子荊，廬陵人。哲宗紹聖中入太學，貢禮部，考試不第。恨蔡京當國專權，預料此人將是宋朝的王莽，發誓不再參加科舉，回家自修，著書，教書。他研汶《春秋》，發明微言中的大義，著《春秋辯疑》行於世。此書主旨為權奸柄國而發，諷喻朝政，而持論正大，契合《春秋》褒貶大義。胡鑄、胡銓兄弟「從鄉先生蕭楚，講春秋學」。胡銓於建炎二年（1128）以《春秋》學登第回歸，拜見先生蕭楚，聽其教誨。蕭說：「學者非但拾一第。身可殺，學不可辱，勿禍我《春秋》乃佳。」後來胡銓力諫秦檜，孤忠說論，即是對承諾的踐行。可見其師徒之千《春秋》之學，非只口講耳受而已。

吳沉，崇仁人，號環溪居士。年輕時結庵議書，已有高世之志。唯以母健在，將求出仕，以為奉養。可是，考試一再失敗，而母卒。於是，盧於環溪，為終浮之計。他於書無不通，下至百家九流，莫不貫穿。所著述殆數十萬言，千《易》、《論語》、《周禮》《老子》皆有解說，又著有《通言》。受聘為鄉先生，「而《通言》尤其主教之書也」。崇仁士紳有感於吳沉居鄉教書至誠，且其家「闔門千指，雍雍以和，而鄉閭之間薰其德，而善良者蓋多」，有良好的社會影響，將他與歐陽澈並列，於嘉定十六年（1223）在縣學立「二賢祠堂」紀念，人們認為吳沉「學成道存，自全其有」，雖然老身厄窮，可是「有所虧而貴，不若無所虧而賤」。與那些「名隨身盡」的仕宦者比較，「環溪之學，往

往與河、汾並傳」[86]。

歐陽守道，廬陵人。自小孤貧，無錢拜師求學，靠自習讀書，有時為人「作賤藝力」，休息時即拿出書來忱，或手上做事，眼睛盯在書本上。鄰居經常見他勞作之後，便拿書站在屋簷下看，雪天也是如此，「逾月而令其子從我學，自此遂就書館，稍稍得錢」。未到三十歲，已經出名，「翁然以德行為鄉郡儒宗」[87]。氣然而他家人口較多，依舊貧乏，衣敝食淡，但他不肯俯首乞憐於人。後來中了進士，當調官，三次以無旅費，不能赴任。有朋友想資助，「然而人未我問，則我不彼請也」。這就是歐陽守道。

廬陵劉若川，卒於隆興元年（1163）十二月一日，周必大記曰：「廬陵鄉先生劉公卒，州學教授帥生員哭其家甚哀，郡人皆嘆曰：善人死矣。於是門生鄉貢進士田亮功，會萃遺事，屬某為之銘。某之兄弟，昔以童子受業公門，其何以辭」。諸生懷念這位劉先生，公認他「言行可法」，「贊助學官表帥多士，逾四十年。平居與物無競，休休然真寬厚長者，人以是敬愛之。若乃施口惠，任心術，以沽流俗之譽者，固公所恥也」[88]。

葛澡深，字德源，吉州官紳大戶爭相聘請的鄉先生。他家祖籍常州，高祖葛詠徙家廬陵。葛先生四歲而孤，七年後母亡，依

86　《歐陽修撰集》，卷七，危和《儒學二賢祠堂記》。
87　歐陽守道：《踩齋文集》卷十二，《送彭士安序》又，《宋史》卷四一一，《歐陽守道傳》。
88　周必大：《文忠集》，卷三一，《劉公若川墓誌銘》。

靠仲父長大。從小苦學忘寢食，抄書巨萬，無一字行草。貫通經子，歷代史書，以上門教私塾為生，晚年在自己家中講授。周必大介紹說，士大夫子弟爭願從葛深學，胡銓及其群從兄弟「號儒先甲族，競以書幣延致，亦嘗不鄙過予家塾。晚即所居講授。（吉州）八邑暨傍郡秀民，著錄盈門。先生迪以行誼，非但章通句詔而已。」這些門生中後來許多人登第為官。慶元六年（1200）四月以疾不起，享年七十有五。「博士率諸生奠哭盡哀，鄉人皆來吊曰：鄉先生亡矣」。所著有《草茅卑論》三卷、《祭齋筆語》四十捲。集宋朝死王事者著《旌忠錄》三卷[89]。

有不少人讀了書卻得不到官爵，遂以教館終其生。南城入蔣良輔「業儒不成，老於鄉校，淳熙十年（1183）病卒於南康軍都昌縣馮椅，字儀之，是終生家居授徒的鄉先生，又潛心研究學問，著述宏富，有《易注》、《書注》、《詩注》、《論語注》、《孟子注》、《太極圖注》、《西銘輯說》、《孝經章句》、《喪禮小學》、《孔子弟子傳》，《讀史記》，以及詩文、志錄等，合計二百餘卷[90]。饒州鄱陽城槐花巷東的居民劉十二，專以「傭書」自給。

撫州臨川三艾：艾叔可、艾憲可、艾性，皆工於詩，而艾性「闔門教授，執經者盈門」，出千這個教書先生門下的士人很多，他家的女性在耳濡目染中「習見其家倣效」，其女兒出嫁高一夔，經常以倣經道義襄助其夫。吉州人戴之邵，字才美，從小

89　《文忠集》卷七二，《葛先生麋墓誌銘》。
90　《宋史》，卷四二五，《馮去非傳》。

勤讀經史，涉獵文章，可是「無所成名，貧不能自養」，於是做鄉先生，「傭書於里中富家」。以教書為「傭書」，與傭耕傭工為同等的僱傭勞動者，換取一定的勞作報酬，維持生計。與東漢馬融相比，沒有了坐高堂，施絳帳，前授生徒，後列女樂的奢華氣派，這是教書之事已經下移，成為一般勞動工種的必然。

眾多的鄉先生對自己的教館生活，各有不同的感受，採取相應的對付辦法。有的人體驗到的滋味是：上門教人子弟，稱作「典家塾」，難以做人，嚴不得，鬆不得，故而發覺門生學業不見長進，就尋思辭退，不敢萌生一點欺怠之心。但也有一些鄉先生「以主人厚薄為隆殺」，教書誨人全視財利多寡為轉移。

三　藏書與讀書

適應科舉需要，書院開辦於各地，刻書印刷與書肆旺盛了，有藏書的人家跟著多了起來。凡經濟比較富裕的家族，為子弟前途著想，不惜金錢購買書籍，解決無書可讀的困難，減少遠地借閱抄書之勞，家有藏書漸漸成為社會風氣。

吉州太和彭惟孝，祖上三世皆篤千為善，他甫冠而孤，稍長力千學，建彭氏山房，「聚書萬餘卷」，「延老師宿士主講說，命子侄執弟子禮惟謹」[91]，他自己亦堅持聽講，早晚不懈。可是進士考試屢次不中，去臨安上書議論國家大事，只回應「知道了」，他即日南歸，發誓不問國事，遂建築宏壯的園林宅第，終

91　陸游‧《渭南文集》，卷三九，《求志居士彭君墓誌銘》。

老於故鄉。

　　廬陵下泳蕭民望，家底富實，喜歡和士人交遊，是吉州地區藏書成癖的名家。他買書不怕價貴，故賣者願意把書賣給他。據說，「每鬻書者持一書至，必倍其估以取之，不可則三之，又不可則五之，必取乃已。蓄之多而不厭，老而不衰也」。蕭民望年老以後，又喜歡收藏佛書，貯藏在石泉寺，「將與學佛者共之」。蕭家書多，推動了當地讀書風氣，不僅他家子弟皆好學，其鄉人也好學，而且「士之自安福而南者走百里，必曰我將見民望，自永新而北者走百里，亦曰我將見民望」，都想到蕭家去讀書。楊萬里年輕時隨父親至其家，留下的印象至老不忘，感慨地說：民望」發粟散膜，而脾殆六經，捐金抵璧，而珠玉百氏」[92]。

　　王庭諱，是王庭哇幼弟，涉獵書傳百家之學，但是「試藝不得志」，成了鄉間估士。他富有家財，築室號「清隱堂」，旁建金蘭館，「聚書，延四方估者」。

　　龍泉（今遂川）李氏，家中建有萬卷堂，舉凡經史子集，百家小說都有，以供子孫披閱。周必大表彰李氏：「斷簡殘編已可披，排簽插架有餘師。五三載籍多為貴，九百虞初小不遺。潤屋殊非阿堵物，傳家自是寧馨兒。年來鉛槧心猶在，每憶捃書館殿時」[93]。

　　上饒趙不迂書樓，向士人開放。他藏數萬卷，分經史子集四

92　楊萬里：《誠齋集》，卷七二，《石泉寺經藏記》。
93　周必大：《文忠集》，卷四三，《寄題龍泉李氏萬卷堂》。

部，設一人為司鑰掌管，凡有士紳來閱讀者，引導登樓。樓上設有幾席，以便縱觀。

藏書為著讀書，而讀書中舉是社會崇尚的追求，但也有人藏書只是一種時髦擺設，故遭人批評：「今人藏書務書多，昔人汶書病書少。藏書不忱竟何用，歲老財供蠹魚咬」[94]。

富有藏書的家族，也有因子嗣不昌，無人繼承，遂致藏書散失。高安劉氏，寓居南康軍星子，經劉煥、劉恕、劉羲仲幾代人努力，「藏書甚富」。但因「無後，書錄於南康軍官庫」。到了南宋前期，人們前去探訪，「已散落尤餘矣」[95]。

在讀書、藏書成為風尚的環境中，南城麻姑山藏書山房的建立，是一件盛事。淳熙十四年（1187）南城士人何同叔遊覽麻姑山仙都觀，讚歎其幽雅環境，愧惜其尚無藏書，以供士大夫遊山者觀覽。一年後，他向新任建昌軍知軍江自任（浙江入）提議，仿照廬山李氏藏書故事，作一山房，使來游者「登閣覽勝，把卷倚欄，顧不樂哉」。兩年後，江自任兌現諾言，在仙都觀內「立屋六楹，後贅一室，前作重溜，乃閣其上」，室內安置大木架，庋藏經史百氏之書。書房基建事務，得到道士李惟賓鄧本受二人戮力相助[96]。

寺廟僧人注意藏書，不畏辛勞，精誠所至，感動儒士。安福

94 趙蕃：《萃泉稿》，卷一，《題喻氏萬卷樓》。
95 陸游：《老學庵筆記》，卷九。中華書局一九七九年版。
96 楊萬里：《誠齋集》，卷七四，《建昌軍麻姑山藏書山房記》。

縣南十里鄒村興崇院，始建於北宋治平三年（1066），孝宗淳熙時，住持釋海璇，醫術精良，常為人診病，得錢尤所可用，唯獨謹遵師之教誨：「用之於其所宜為者」。他與徒弟蘊賢、蘊淮計議：「有寺百年，而無經一卷，非不未而農，不書而士乎」？於是決定，拿出現有的存錢，再勸請鄉里富家捐助，得錢若千。由蘊賢背錢遠走福州，「市經於開元寺以歸」，買得佛經五〇四八卷。淳熙五年（1178）冬，經殿建成。海璇托劉宗芝、周世通求楊萬里為文以紀其成。萬里對和尚買書有些懷疑，他們能像儒士那樣讀這些書嗎？讀了又能讀懂嗎？周世通是楊萬里外弟，故直率地說了釋能以無經為怍，固不如士之以書而入官，以官而捐書；釋能傾費以市經，固不如土之以身而殉貨，以貨而殉色；釋能辛勤千里而求經，固不如士之重跰以附炎，奔命以死權」[97]。他倆的對話，也許是楊萬里借題發揮，著力針砭官紳之中的三大弊。這三個不如之弊，也就是「士大夫無恥」的實際內容。

南宋人藏書的事例多了，是和前代比較而言，實際上南宋的讀書人要想讀書，並不是那麼容易。陸九淵在象山精舍講學的時候，山上最缺的就是書，他去荊門軍任知軍，堅守象山的，彭世昌不久便去建陽採購圖書。彭世昌順道拜訪朱熹，求教讀書之秘訣。彭對朱熹「盛言山上有田可耕，有圃可蔬，池塘唯愷，色色皆備」，朱熹反問道：「既是如此，下山來則甚？」彭答：「睦先

97　楊萬里：《誠齋集》，卷七二，《興崇院經藏記》。「正跰」，足底老繭。跰，讀繭，足久行生硬皮。

生曰，有書院卻不曾藏得書，某此來為欲求書」。朱熹遂說：「緊要書寧消幾卷，某向來亦愛如此。後思之，這般物事聚久必散，何必役於物也」。彭世昌臨別，朱熹贈詩曰：「象山聞說是君開，雲木參天瀑響雷。好去山頭且堅坐，等閒莫要下山來。」[98]他們的這段往事，既讓後人知道朱陸時代要得到書讀依舊不易，同時也曉得了朱熹關於讀書的訣竅，一是只讀幾卷緊要的書，二是堅守靜坐，冥思苦想。這對於認識朱陸之異同，對於理解「道問學」、「尊德性」兩種修養功夫，大有裨益。

第四節 ▶ 書院與科舉的關係

書院是適應科舉而發展起來的，不論是官辦書院還是民辦書院，它們都不排斥科舉，而是為科舉服務的。南宋的科舉與書院相互推動，達到新的繁盛階段，同時，社會輿論不斷批評科舉考試中的弊病，抨擊士人只求金榜題名的偏向。然而批評者毫無抵制、取消科舉的意思，而是提出各自的改進意見，使科舉能更好地選拔到優秀人才。各地的讀書人都懷著由科舉而出仕的強烈慾望，那些厭棄舉業者，皆因「累舉不第」的挫折，對科舉中權貴徇私舞弊的憤慨，被迫採取的消極抗爭。士大夫一致認同的見解是：「科舉非以待英傑，而名卿以為仕進之階；試程豈所為文

---

98 陳文蔚：《克齋集》，卷七。

章，而前輩或觀公輔之器」[99]。科舉為仕進之階梯，文章可以看出作者的才識，要實現建功立業的宏願，第一步還需走科舉之路。

　　現今的書院研究者有一種觀點，將書院與科舉對立起來，說書院是「素質教育，即教育不是為了科舉仕進」，「南宋的書院都是以反對科舉相標榜的」。此論難以理解，也不符合歷史事實[100]。僅以南宋時期江西書院的事實，即可證明書院與科舉二者是相互依存，相互促進的。

一　書院教育與科舉考試的緊密關係

　　書院與科舉總體上是共存並盛的，科舉制度興起的時間早千書院，然相差不遠，而終止點相同。科舉制度完全確立在唐朝，但錄取的進士人數很少，一屆少的幾人，多時不過四五十人。書院出現於唐後期，全盛於宋朝，而科舉錄取的進士也是宋朝最多，平均每屆三七六人，超過前後各朝[101]。

99　周必大：《文忠集》，卷八八，《謝解啟‧代十四年弟》。
100 陳谷嘉、鄧洪波主編《中國書院制度研究》第七章「書院教育的特點」寫道：「從書院，總體上說，它不是應試教育，不是把科舉仕進作為辦學的目標，而是一種素質教育，即普及和提高文化素質的基礎教育」，作者在依時敘述至清代以後說：「綜觀清代幾千所書院……絕大多數書院還保持了書院另一個重要特色，這就是書院實行的不是應試教育，而是一種素質教育，即教育不是為了科舉仕進，而是一種普及文化的基礎性教育。」又，第三章「南宋時期書院的歷史作用」，浙江教育出版社一九九七年版。
101 平均每屆錄取進士人數，唐朝為二十五，五代四十一點二，南唐五點

書院本是民辦，其教學內容都按照科舉考試需求配置，和州縣學校沒有不同，目的是使生員科舉高中，走上仕途。南宋時期的理學家熱衷於辦書院，又激烈地批評科舉考試中的弊病[102]，然而並沒有否定科舉，他們自己也不拒絕科舉，而是企望科舉考試與踐行儒家仁義政治一致，兌現由修身而齊家，而治國、平天下的理想。白鹿洞書院是南宋官辦書院的典型，朱熹、陸九淵是理學界的兩大宗師，陸應邀在白鹿洞講「義利之辨」，是素享盛譽的理學宣傳，卻也是闡明科舉與書院辯證關係的、最具說服力的教材。他說：

科舉取士久矣，名儒巨公皆由此出，今為士者固不能免此。然場屋之得失，顧其技與有司好惡如何耳，非所以為君子小人之辨也。而今世以此相尚，使舊沒於此，而不能自撥，則終日從事者雖曰聖賢之書，而要其志之所向，則有與聖賢背而馳者矣。推而上之，則又為官資崇卑，祿廩厚薄是計，豈能悉心力於國事民隱，以無負於任使之者哉！……專志乎義而日勉焉，博學、審問、慎思、明辨而篤行之，由是而進於場屋，其文必皆道其二日

五，北宋二七六點三，南宋四七五點九，元朝七十點九，明朝二七九點九，清朝二三八點五。北宋、南宋合計為三七六。詳見許懷林《書院與科舉的依存關係兼對書院「不是為了科舉仕進」說的質疑》，《歷史文獻與傳統文化》，蘭州大學出版社二〇〇三年版，第 138 頁，「唐至清科舉錄取進士人數表」。

102 歐陽澈對科舉考試舞弊情狀作了很具體的揭露，他說：「比年科舉多為腐兒貴族，於詔旨未下之日，預以金帛交結出身之官」，詳見《歐陽修撰集》卷三《上皇帝第三書》。

之學，胸中之蘊，而不詭於聖人，由是而仕，必皆供其職，勤其事，心乎國，心乎民，而不力身計，其得不謂之君子乎⋯⋯[103]

　　陸九淵批評士人讀聖賢書而不踐行聖賢之道，並不是反對諸生參加科舉，而是希望他們篤行聖賢之道。他的主張是：幼而學道，壯而行道，視科舉為修身的一個方面，看作學道與行道的具體實踐。他自己的態度是：「吾自應舉，未嘗以得失為念。場屋之文，只是直寫胸襟。」[104]他對弟子門生的要求也是：「君子義以為質，得義為重，失義為輕；由義為榮，背義為辱。輕重榮辱，唯義與否，科甲名位，何損於我。」

　　朱熹請陸九淵在這裡講這篇道理，並且真誠地讚揚他，也是期待書院的生員科舉出仕之後，成為聖賢之道的實踐者。此前，朱熹尖銳批評科舉中的弊端，重建臼鹿洞書院，制定臼鹿洞學規，都是為了培養君子。朱熹為完善科舉考試大聲疾呼，寫出《學校貢舉私議》，提出了八條改革芻見。這八條的名稱是：均諸州解額；立德行科；罷詩賦；分諸經、子史、時務考試之年；治經必專「家法」；命題必依章句；答義必通貫經文，條陳眾說，而斷以己意；學校必選有道德之人為師；制科、辭科、武舉亦須革弊更制。[105]八項建議中，除選有道德之人為師，其他七條

103　《象山全集》，卷二三，《白鹿洞論語講義》。
104　《象山全集》，卷十三，《與馮傳之》。
105　朱熹：《晦庵集》，卷六九。

第七章・學校與書院教育的興盛

643

都是關於科舉考試的技術性措施。所說的德行科，是說將四分之一的名額用來錄取品行優良者。治經必專「家法」，即要求指定《易》、《詩》、《書》、《周禮》、《春秋》的必讀註疏。命題必依章句，指考官命題不能故意剪裁經文，該斷句的不斷，當連接的反而斷開，刁難考生。答義必通貫經文，即按經文題意，正確分段、破題、對偶、辨析陳述的文章寫法。總之，這篇《學校貢舉私議》是一份龐大而詳盡的科舉考試方案，作者的意圖是促進科舉考試趨于完善。

江東安撫使坐鎮的建康府明道書院，嘉定八年（1215）為紀念程顥，由主簿、太守、部使者三巨頭合力而建，以發揚二程學術傳統為宗旨，「仿白鹿洞規以程講課士」，寧宗寫「明道書院「四字為額，「與四書院等」。可見它是純正的官辦書院。明道書院的規程辦學制度中，「春秋釋菜，朔望謁祠，禮儀皆仿白鹿書院」；具體的講課、考試安排是：「三、八（日）講經，一、六（日）講史」，「每月三課，上旬經疑，中旬史疑，下旬舉業（以孟仲季月，分本經、論、策三場）。文理優者，傳齋書德業簿……三考黜陟」[106]。如此精密地將儒學經史與舉業組合為一，先講解，後考試，嚴格執行，足見其目標所向是為科舉考試作準備，它的代表性也是十分明晰的。

民辦書院的情況也不例外。富裕起來的家族，尤不是期盼子孫汶書中舉，出仕，提高身分和地位。例如，吉州周必正，與叔

---

106 周應合：《景定建康志》，卷二九，《儒學志二・建明道書院》。

父的兒子周必大「俱入家塾，學行修立，俱以世科自期，已而益公策名，又舉博學宏詞如其志」[107]。為了實現子孫中舉出仕的夙願，這些私家書院辦得認真，成效顯著。淳熙十四年（1187）以前，鄉先生程端蒙（鄱陽人）、董銖（德興人）合作編製出詳細的「學則」，「將以教其鄉人子弟」。寶祐六年（1258）理學家饒魯（餘干人）將白鹿洞學規和程董學則，一併公布在他主持的書院施行。後來，程端禮又編製出《程氏家塾議書分年日程》，把教學過程分為啟蒙、小學、成人（十五歲之後）三段，第三階段的內容是對付科舉訂出的備考學習計劃，規定繼續讀經之外，更要看《資治通鑑》，讀韓愈文章、楚辭，學習做文章等，「使理學與舉業畢貫於一」。

信州永豐（今廣豐）龍山書院，是黃惟直寄託科舉出仕的期望，為人才世道著想，以家財開辦的，卻超越了家族界限。真德秀認為，黃惟直辦書院，正合科舉與道義之間的辯證關係。非唯山川之靈於此振發，其亦教育之驗歟。雖然，君之所期於士者，不止是也。蓋嘗思之，三代而上未有科目進取之途，士之自修果為何事？⋯⋯世遠教失，士知榮身而不知修身，知求利而不知求道，良心蠹蝕皆原千此」。黃惟直辦書院，是要「以人才世道為意」，如果僅是為辭藝、科舉，「郡縣有學，已弗超足，其尚以贅為哉」[108]。真德秀說黃惟直辦書院的宗旨，當然也是他自己的

107 陸游：《渭南文集》，卷三八，《監丞周公墓誌銘》。
108 真德秀：《西山文集》，卷二六，《龍山書院記》。

看法，這對我們理解書院與科舉之關係，有普遍性的參考價值。

從實踐來看，南宋理學大師朱熹、陸九淵、張栻、呂祖謙等人，以及他們的得意弟子，尤一不是進士出身；江西書院眾多，因而進士人數激增。簡言之，書院與科舉二者相互促進，並非相互制約。

二　廣泛流行的備考教材資料

有的研究者認為，書院實行的不是應試教育，而是素質教育，這不符合事實。南宋士大夫談及書院與科舉者，無不講儒學仁義，倫理道德，儒家經世致用的宗旨，由修身、齊家而至治國、平天下，全都是所謂的「素質」，故而有「為己之學」傳統的提倡。上節陸九淵義利之辨講演，就是大聲疾呼「素質」。然而，不論州縣官學抑或是民間書院，實際教與學兩方面都必須順著科舉指揮棒轉，都在為明日的科舉高中而努力。劉清之、朱熹一致闡明的「耕道熟仁」是「墨莊」辦學宗旨，百分之百的素質要求。「墨莊」培養出來的優秀者劉靖之，在贛州州學的教學實踐，是道義教育和科舉考試並重，通過州學中規定的應試課程，大小考試，使「學者益知所向」，「又知所懲」。假設「墨莊」劉氏子弟科舉累不中，沒有「青紫車馬」的人事，那就絕不會有朱熹那篇《劉氏墨莊記》。

我們如果把「應試」理解為知識技能，「素質」僅僅理解為品行修養，二者不相等，但也不是相互排斥，而是緊密連接著的。考試是對所掌握知識的檢驗，素質離不開知識學養，它的內涵應該是包括知識技能。陸九淵、朱熹大聲疾呼分清義利，是扞

擊口誦仁義道德，而行動背離所學，並非不要求熟諳孔孟之道。

朝廷以科舉取士，士人必學習時文[109]。為求命中率高，家塾中會進行模擬科考，要子弟做對策練習，寫作詩文。所問對策題目，皆是推測可能要考試的經史典故，或時政大事，不是問你個人的生活言行。周必大在家塾擬出的策問十九題，大多數是關於對經史典故的理解，有四題是直接論南宋朝政大事，即銓選之法、錢幣之弊、民兵之用、軍食之供應。正是適應備考的廣泛需要，所以「自國家取士場屋，世以決科之學為先，故凡編類條目，撮載綱要」的時文汶物，流傳於社會。既有國子監選擇的舊來時文，包括經義、詞賦、論策各若干篇，版行以為程序，這可謂官版考試指南書。同時還有鄉先生編撰、書肆雕印的私版輔導材料書。歐陽守道告訴我們：「舉進士之歲，吾鄉諸齋擬策四出」，如吉州劉景豐刊印的對策題集——《擬解試策》。

官紳家族書院的策問題目，鄉先生擬出的對策試題，公私刊行的時文工具書，在州縣學、大小書院流行，父兄教子弟以此為準，士子「四方轉致傳習，率攜以入棘闈」。主考衙門「謂之懷挾，視為故常」。雖然有人批評此類書，建議下令禁毀，但因便于舉子記誦剽竊，被視為「決科機要」，「建陽書肆方日輯月刊，

---

109 「時文」，本為科考中舉子的答卷文章，因其隨政治形勢而取捨，故名目時文。彭龜年詔釋説：「夫謂之時文，政以與時高下，初無定製也。前或以為是，後或以為非，今或出於此，後或出於彼，只隨一時之去取，以為能否。」

時異而歲不同」，在舉子中廣泛流傳，「充棟汗牛」於書肆[110]。

「決科機要」的應舉備考之書，也是良莠不齊的，其中不乏佳作。一些著名學者精心於此，編著出具有參考價值的工具書，影響很大，流傳後世。最著者如呂祖謙的《東萊博議》，謝枋得的《文章軌範》，劉辰翁的《四景詩》等。

《東萊博議》是呂祖謙「為諸生課試之作」[111]，是他對《左傳》旨意的揭示與發揮，故又稱《左氏博議》。他摘取《左傳》中的緊要典故，講解其意，並抒發「胸中所存、所操、所識、所習」，使之成為義理明正的著述，絕非抄襲時文者可比。他認為，自己印行《東萊博議》的目的，好比揭榜求醫，是為醫世而作，借課試而傳，非僅為諸生考試著想。

謝枋得《文章軌範》是為考生精選的範文，取古文中有助千場屋者，選漢晉唐宋人之文共六十九篇，大多數都有圈點批註，指明作文要領。他將文章分放膽文、小心文兩組，每組再分若干集。「放膽」分二集，一是初學寫文不能拘束，「能放言高論，筆端不窘束」；二是辯難攻擊之文，「氣力雄健，光焰長遠，讀之令人意強而神爽」，「場屋中有司亦當刮目」。「小心」中又分五類，如一類是議論精明之文，「文勢圓活而婉曲，有抑揚，有頓挫，有擒縱，場屋程文論當用此樣文法」；另一類是謹嚴簡潔之文，「場屋中日晷有限，巧遲者不如拙速，論策結尾略用此

---

110 《岳珂愧郯錄》，卷九，《場屋編類之書》。
111 呂祖謙：《東萊博議》，自序。岳燉書社一九八八年版，第1頁。

法，度主司亦必以異人待之」。他的門人王淵濟跋稱，其中「漢丞相，晉處士之大義清節，乃枋得所深致意，非附會也」。此書流傳至明代，王守仁寫《序》曰：朝廷以科舉取士，舉子就需以科舉文章作見君的禮品，就需效法古人寫出好文章，不能只見」由科第而進者類多徇私謀利，無事君之實，而遂歸咎於舉業」[112]。

劉辰翁《四景詩》亦為備考之用，按春夏秋冬四季，每季擬若干題，作若干首詩，以為範例。四季共計一五一題，一六七首詩。如春景，題六十三，詩七十二，多出的幾首是有的題目不只一首，《孤舟亂春華》一題寫了四首。四庫館臣對他的這批程試詩，評為「所作皆氣韻生動，無堆排塗飾之習，在程試詩中，最為高格」[113]。就詩論詩，劉辰翁的四景詩不失為範例。

三　書院的共性與個性分析

各處大小不一的許多書院，共有的性質和作用是教學，教年輕人讀書，掌握文化知識。在當時的社會歷史條件下，是傳授經史知識和做人的倫理道德，為參加科舉考試打下堅實的基礎。但不能攏統地說「書院本是民間大學」，書院之中存在差異，許多家族自辦的書院，讀書的子弟七八歲、十多歲的都有，小的處於啟蒙階段，大的正在準備參加科舉。這就像現今的學校，不能概

112 謝枋得：《文章軌範》，原序。四庫本。
113 《四庫全書總目提要》，卷一六五，《須溪四景詩集四卷》。

稱為大學，也不能都看做是中學，或者小學。我們不能以筠州樂善書院當書院代表，也不能以玉山趙蕃家的私塾看待其他書院，同樣，只把白鹿洞書院作標本分析也不妥，以偏概全必然漏洞很多。事物都是處於發展變化中的，對書院研究不能沒有時間、空間的界定，僅就南宋一代而言，已經是一百五十餘年了，如果上起唐北宋，下延至明清，都放在同一個平台上衡扯，不顧時代印記，勢必失去真實的認識價值。

民辦書院有一個特點是靈活性，為保障經費開支，自家的書院，也接受別家來讀的生員，但要收費；教授者是自家父兄，也可能是請來的外地人。例如，陸九淵家的書院，陸九泉勤讀詩書，為人所推尊，卻踏蹬場屋，於是「授徒家塾，以束脩之饋，補其不足」。所謂「不足」，指陸氏大家族的收入不豐，非陸九皋個人的經濟困難。待父親去世以後，他不復任教，讓其弟九韶去教。這時，鄱陽許氏在桐嶺開辦書院，「延師其間，以處鄉之學者，又自原若干人」。然而他的次子「往往從學於外」，到金溪向陸九淵求學。不久，許氏父子商量擴建桐嶺書院，「闢廬舍，儲器用，廣會集之堂，增自座之員，介其鄉之賢者，致禮以延公」，即將陸九皋聘請到桐嶺去教授[114]。許氏桐嶺書院開辦時就有「自廩」——自費生若干人，後來擴大書院規模，「增自煦之員」，顯然是從經濟角度計劃書院的開支。他自己的兒子不在桐嶺書院讀，去師從陸九淵，必然也是帶著「束脩」的。一個重

---

114 陸九淵：《象山集》，卷二八，《陸修職墓表》。

大的信息已經透露：為了多一份中進士的把握，讀書人不惜錢財進名校，拜名師。

　　書院就是書院，既不能拿現今的學校來框它，也不宜用一把尺去量它。專就教學型書院而言，就是先生教生員讀書的地方，這是林林總總的書院最本質的共性。書院來自民間，有個人辦的，有家族辦的，有鄉村合辦的，也有州縣官府辦的，所有這些書院，會出現因人因地的差異，尤其是一些政治經濟條件充分的書院便有更多彩的內容。我們既不能以內容最豐富者概括其他書院，也不能以某書院有人講學為條件要求其他。有的研究者寫道：「具有學校性質的書院，承繼了前代精舍私家教學的職能，又承繼了唐代私人藏書的使命。聚書、修書、校書、刻書、傳書、讀書，並使之與教學、祀祭結合起來」[115]。能夠具備這麼七八條自然很理想，然而這是湊合的，主觀的東西，用以衡量實在的書院就難找到。比如藏書，有多少卷書才算是有藏書？若是要有「數千卷」，史籍記載中有兒家？先別說民間書院，就是州縣官學，在北宋時期仍然大有缺書之嘆（詳見本書北宋卷）。鑒於版刻印書逐漸進步，南宋書肆已經盛行，有幾本科舉必須的經史，在忱書人家不再希罕，但是稱得上「藏書」者，遠遠比書院數量少。校書、刻書，這更是官辦書院中的少數者所能為。古代由口耳相傳，到抄書、刻書，典籍版本之間的差異常見，故而文字校勘是士人必備的知識技能，從廣義角度說，「校書」之事尤

115　《中國書院史》，第一章第 17 頁。湖南教育出版社一九九四年版。

時不在，「鄉先生」尤有不會。如果和刻書連在一起的校勘，那往往是官府行為，唐代麗澤書院那樣的朝廷之舉，不能用以要求民間書院，吉州周必大的居家刻書，也非一般家族書院所能辦得到。廣泛而活躍的民辦書院，父兄教子弟或請「鄉先生」來家教諸生，沒有必要興師動眾刻書。禮敬孔聖人，是士人常識，至於「祭祀」層面的禮儀制度，則是官學、官辦書院的規矩。南宋江西的書院很多，內涵豐富，深入認識它們是當務之急。

書院與州縣學校是培育人才，科舉是選拔人才。科舉要以書院、學校為基礎，而書院、學校以中舉為教學目的。考的是經史、時文，教的必然與此適應。儒學典籍的核心是統治經驗、倫理道德，與治亂成敗相連。「修身」的目的就是治平國家天下，「明先王之道」與涵養德性密不可分，所以，陸九淵反覆申述孟子說的「為己之學」。理學家大講切己篤行，實施仁政，但考試與踐履尤關，不可能在試卷上檢驗人的行為，所以反覆教人立志，確立勵行聖賢之道的志向。「素質」與「應試」在這裡分不開。舉業是應付科舉考試、出仕施治的途徑，「時文」適應現實需求，不論是官學、書院，都按此教學，理學家們也沒有拋棄它們。

江西文庫 A0701A16

江西通史：南宋卷　第三冊

主　　編　鍾啟煌
作　　者　許懷林
責任編輯　楊家瑜

發 行 人　陳滿銘
總 經 理　梁錦興
總 編 輯　陳滿銘
副總編輯　張晏瑞
編 輯 所　萬卷樓圖書股份有限公司
排　　版　菩薩蠻數位文化有限公司
印　　刷　百通科技股份有限公司
封面設計　菩薩蠻數位文化有限公司

出　　版　昌明文化有限公司
桃園市龜山區中原街 32 號
電話 (02)23216565

發　　行　萬卷樓圖書股份有限公司
臺北市羅斯福路二段 41 號 6 樓之 3
電話 (02)23216565
傳真 (02)23218698
電郵 SERVICE@WANJUAN.COM.TW
大陸經銷　廈門外圖臺灣書店有限公司
　　電郵 JKB188@188.COM

ISBN 978-986-496-331-7
2018 年 1 月初版
定價：新臺幣 300 元

如何購買本書：
1. 轉帳購書，請透過以下帳戶
　合作金庫銀行 古亭分行
　戶名：萬卷樓圖書股份有限公司
　帳號：0877717092596
2. 網路購書，請透過萬卷樓網站
　網址 WWW.WANJUAN.COM.TW
大量購書，請直接聯繫我們，將有專人為您
服務。客服：(02)23216565 分機 610

如有缺頁、破損或裝訂錯誤，請寄回更換
版權所有·翻印必究
Copyright©2016 by WanJuanLou Books CO., Ltd.
All Right Reserved　　　　Printed in Taiwan

國家圖書館出版品預行編目資料

江西通史 南宋卷 / 鍾啟煌主編.-- 初版.--
桃園市：昌明文化出版；臺北市：萬卷樓
發行, 2018.01
　冊；　公分
ISBN 978-986-496-331-7 (第三冊：平裝).--
1.歷史 2.江西省
672.41　　　　　　　　　　107001898

本著作物經廈門墨客知識產權代理有限公司代理，由江西人民出版社授權萬卷樓圖書
股份有限公司出版、發行中文繁體字版版權。
本書為金門大學華語文學系產學合作成果。　　　校對：陳裕萱／華語文學系二年級